Johann Höfer

Bairisch gredt II
(zwoa)

De oan Biachä san zwengs da Gaudi gschriem, de andan zwengs an Lerna; a neddla fia des oiss midanan.

Nach Horaz, *Ars Poetica*

Johann Höfer

Bairisch gredt II (zwoa)

Der zweite Teil von
Bairisch gredt
mit einer Einführung in das
Südhochdeutsche

Herausgeber: Armin Höfer

POINT

Die Beiträge in diesem Buch stammen aus der Serie BAIRISCH GREDT im Münchner Merkur und im Oberbayerischen Volksblatt.
Außerdem sind Artikel aus der Süddeutschen Zeitung und der Abendzeitung sowie aus einigen Fachzeitschriften aufgenommen; die Reihen DER SPRACHGRANTLER und SÜDDEUTSCH FÜR ZUWANDERER werden hier erstmals vorgelegt.
Den betreffenden Autoren und Redakteuren wird für die Genehmigung zum Abdruck gedankt.

Bestelladresse:

POINT Bücher
Farrenpointstr. 51
83075 Bad Feilnbach-Kutterling

München und Bad Feilnbach
ISBN 3-00-008774-5

Satz und Manuskript:
Armin Höfer, München und Kutterling

Gesamtherstellung:
Hofmann-Medien Druck und Verlag GmbH, Augsburg

Inhaltsverzeichnis

Einleitung

Bairisch gredt II

Schreibung

So schreiwi s Boarische

Lautlehre

So glingds

Wortschatz

So sog i dazua

Prof. Johann Höfer
22. Oktober 1925 – 26. Mai 1999

Vorwort des Herausgebers

Bairisch gredt, Band II enthält zunächst all jene Folgen der bekannten Zeitungsserie des *Münchner Merkur* und des *Oberbayerischen Volksblatts,* die seit dem Erscheinen des ersten Bandes von *Bairisch gredt* (1995) und der Publikation der letzten Folge in diesen beiden Zeitungen und ihren Regionalausgaben am 12. Januar 1999 veröffentlicht worden sind.

Sodann werden hier diejenigen Folgen, die in *Bairisch gredt, Band I,* aus Platzgründen nicht abgedruckt wurden, nachgereicht.

Weiterhin gelangen einige bisher noch nicht veröffentlichte Folgen hier erstmals in die Hand des Lesers.

Sodann werden hier erstmals die zum Abdruck in Zeitungen bestimmten Serien „Der Sprachgrantler" und „Süddeutsch für Zuwanderer" vorgelegt.

Außerdem enthält *Bairisch gredt, Band II,* autobiographische Hinweise zur Vita des am 26. Mai 1999 verstorbenen Verfassers, Ehrungen und Nachrufe, sowie die wichtigsten Äußerungen, mit denen die interessierte Öffentlichkeit auf den ersten Band reagiert hat. Unter anderem hat Johann Höfer die Schreibung der Oktoberfest-Wiesn (statt Wies'n) und das grammatische Geschlecht eines Berges (*die* statt *der* Farrenpoint) richtiggestellt und seine Leserschaft davon überzeugt.

Weitere Stellungnahmen, Rezensionen und Kommentare vervollständigen diesen Teil des vorliegenden Bandes.

Die Anordnung der „Bairisch gredt"-Artikel erfolgt in sechs Bereichen gemäß den Hauptzielsetzungen des Autors: Schreibung, Lautlehre, Grammatik, Wortschatz und Redewendungen des Bairischen sowie eine Einführung in das Südhochdeutsche.

Dieser letzte Bereich widmet sich der Beschäftigung Johann Höfers mit der südhochdeutschen Sprache, die der Autor als einer der ersten beschrieben und begrifflich determiniert hat. Das Südhochdeutsche lag Höfer mindestens so stark am Herzen wie Bairisch.

Das Büchlein erscheint in der herkömmlichen Rechtschreibung, da Johann Höfer, wie aus manchen „Bairisch gredt"-Artikeln hervorgeht, mit der sogenannten reformierten Rechtschreibung in wesentlichen Punkten nicht einverstanden war.

Wie aus dem Nachlaß Professor Johann Höfers ersichtlich ist, plante er die Herausgabe des zweiten Bandes von *Bairisch gredt,* konnte sie aber wegen seiner schweren Erkrankung nicht mehr selbst durchführen und vollenden.

Als Sohn, fachlicher Kollege und ständiger Ansprechpartner meines Vaters vollziehe ich seinen letzten Willen in Sachen Bairisch und Südhochdeutsch.

Meiner Mutter und meiner Schwester sowie Angela Damböck und Heike Heidenreich danke ich für ihre Hilfe bei der Fertigstellung des Manuskripts, Jochen Anthuber, Werner Karl, Erik Spemann, Sylvia Weber und vielen Mitgliedern des Fördervereins Bairische Sprache und Dialekte für ihre ermutigenden Worte, den zweiten Band von *Bairisch gredt* herauszugeben.

Armin Höfer

München und Kutterling, 22. 10. 2001, am 76. Geburtstag von Prof. Johann Höfer

Autobiographisches

WEISS WENI GON SONG GIBT (WEIL ES WENIG ZU SAGEN GIBT)

Geboren (auf die Welt gekommen) in Derndorf, am Fuße der (nicht: „des“) Farrenpoint. Aufgewachsen in der Ulpoint, einer Einöde am Sulzberg hibei.

Fängt mit sieben Jahren an, hochdeutsch zu hören und zu lesen. In Litzldorf aufgenommene Spanienflüchtlinge wekken sein Interesse für andere Sprachen. Daß „a Roos“ gleichzeitig „un caballo“ und „ein Pferd“ sein kann, ist ihm eine Offenbarung.

Im Internat in Freising lebt man mit Buben von überall in Ober- und Niederbayern her zusammen (viel, vui, vej, vill, vi).

Im Krieg, auf einer Almhütte in Kärnten, erscheint ihm das Abhören des Sprechfunks amerikanischer Flieger als Art Berufspraktikum, unverdiente Bevorzugung gegenüber so vielen anderen.

In seinem Unterricht im Fachbereich Wirtschaftsingenieurwesen an der Fachhochschule München ist deutsch aus methodischen Gründen für ihn tabu.

Seit dem 65. Lebensjahr empfindet er das Bairische wieder (siehe Kindheit) als seine eigentliche Muttersprache. Warum „Bairisch gredt“? Es könnte am Jüngsten Tag ja die Frage kommen: „Andere Sprachen. Aber was hast du für deine eigene (Sprache) getan?“

Brief an den Redaktionsleiter des Oberbayerischen Volksblatts
Willi Börsch (1997)

Offen gesagt...

Johann Höfer

Johann Höfer, der Verfasser unserer Serie „Bairisch gredt“, ist ein gebürtiger „voralpiner Oberbayer“ vom Jahrgang 1925 und lebt in Kutterling im Landkreis Rosenheim. Bereits mit sieben Jahren lernte er – mühelos, wie er sich erinnert – seine erste Fremdsprache: Hochdeutsch. Nach der Gymnasialzeit in Freising und dem Studium an den Universitäten Regensburg und München (Jura, Philologie) und Studien im Ausland war er in der bayerischen Hauptstadt „mit Freude“ im Lehrfach tätig. Zu ihm gehören ein „Münchner Kindl“, ein Sohn und eine Tochter sowie zwei österreichische Enkelkinder. Seine Leidenschaft sind weiterhin Fremdsprachen.

Anmerkung des Herausgebers: Wenige Jahre nach dem folgenden Interview wurde er auch Großvater von zwei bayrisch-schwäbischen Enkelkindern.

Leben Sie gerne in Bayern? Und warum?	Do bini auf d Wejd kema. Awa weni a Breiss waar, waari aa längst do.
Gibt es für Sie einen Traumberuf?	Des sej ned. D Arwad muasma meng, na is jeda Beruf schee.
Was ist Ihre Lieblingsfarbe?	Iatz de scheen Herbsdfarbm.
Was würden Sie machen, wenn Sie ein Jahr Ferien hätten?	Des gleiche oda wos andas. Nixdoa des gehd ned.

Welche Schriftsteller schätzen Sie besonders?	Laudda oide: Tschechow, Maupassant, Dreiser, E. M. Forster, Lena Christ, Thoma
Welche Musik hören Sie am liebsten?	Oiss Klassische und de guade Voiksmusik vo an jedn Land.
Was ärgert Sie am meisten an den Deutschen?	Nix. D Leid san oi indressant und woiddan (zimli) gleich auf da Wejd.
Wovor haben Sie die größte Angst?	Daass doo amoi grachd und de ganz Wejd a d Lufd fliagd.
Welcher deutsche Politiker nervt Sie?	An Bangemann sichd ma nima so oft.
In welcher Epoche hätten Sie leben wollen?	Wiass de scheen Kirhan baud ham aufn Land und in da Schdood.
Haben Sie eine Lieblingsblume?	A jede is scheena wia de anda. Awa song mar amoi: da Oimschuach (Frauenschuh).
Was ist Ihre Leibspeise?	A Kaisaschmarrn aus echde Oar und a koide Milli dazua.
Welches Talent möchten Sie besitzen?	So guad ausländisch reen kina ois wia a jeda Ausländа.

Welche Eigenschaften schätzen Sie an Ihren Freunden?	An guadn Humor, a bissl Vagesslichkeid, ned noochdrogad.
Welche Eigenschaften schätzen Sie an sich?	Zfriem sei, nix gfoin lassn awa nix noochdrong, a bissl an Humor.
Welchen Luxus leisten Sie sich?	Laudda guade Nachbarn, und koa Bsuach raachd (raucht) im Haus.
Welchen Sport betreiben Sie?	Adiam (gelegentlich) auf da Laam (Balkon) schbazian gee.
Welcher Versuchung können Sie nicht widerstehen?	A de mehran.
Wer war oder ist Ihr Vorbild?	A Urgrosvadda, dea hod nia an Baam umschnein meng.
Wen oder was verachten Sie?	Menschn de grausam sei kinan.
Mit welcher historischen oder heutigen Persönlichkeit möchten Sie ein Gespräch führen?	Mid oan vo de Evangelisdn, am liabsdn min Markus.
Was wäre für Sie ein Traumwochenende?	Um dee Zeid a richdigs Sauweeda und a warme Schdum.

Münchner Merkur *(Herbst 1993*)

Bairisch gredt II

Schreibung

So schreiwi s Boarische

1

D Münchna Freiheit und s Prinzregentnteadda

MÜNCHENER ODER MÜNCHNER KINDL?

„A Greiz iss! D Münchner Freiheit schreibd ma ‚Münchener Freiheit'. So auf der amtlichen Beschilderung. Warum eigentlich? Wir sagen doch „Münchna", das Adjektiv ist in der Aussprache immer zweisilbig, in der Hochsprache und im Dialekt. Wer sich als „Münchener" vorstellt, muß seine wirkliche Herkunft nicht mehr erklären. Er sagt sicher recht häufig „Wir in Bayern".

Die Sprache drängt zur Vereinfachung, nicht zu überdeutlicher Ausweitung. Ein Gegenbeispiel ist zwar das Adjektiv „bayerisch". Kein Mensch spricht das „e" aus. Aber diese Schreibung – neben bayrisch und bairisch, alle drei gleich gesprochen – ist wegen der Bedeutung notwendig.

Wer unbedingt „Münchener" schreiben will, soll es tun. Manche Firmen und Institutionen verwenden diese Form in ihrem Namen. Wo es jedoch um traditionell Münchnerisches handelt, sollte man auf dieses überflüssige „e" verzichten. Auch der Name dieser Zeitung – Münchner Merkur – ist mit dem parasitären „e" nicht vorstellbar.

Verehrter Herr Oberbürgermeister! Schicken Sie doch einen Maler, damit er das „e" wegstreicht – deutlich.

Das Prinzregententheater feiert 2001 sein Hundertjähriges

Das Münchner Kindl wird es Ihnen danken. Oder heißt es demnächst „Münchener Kindl" oder gar „Münchener Kindel"?

Ein gleicher Jammer ist die falsche Betonung Münchner Namen, do doan (dean) oan d Ohrn (Oun, Ouan) weh! Während ein falsch betontes „Ruhpolding" inzwischen eher zur Gaudi geworden ist, leidet das Wort „Prinzregent" mitsamt Theater an der entsetzlichen Betonung auf der dritten Silbe. Auch wenn er immer wieder Ansätze macht, um die erste Silbe zu betonen – er fällt halt stets auf die falsche Form zurück. Wer?

Verehrter Herr Staatsintendant! Als erklärter Münchner Kulturhüter sind Sie es doch Ihrer Wirkungsstätte schuldig, daß Ihnen die richtige Aussprache zur Gewohnheit wird. Auch um Ihrer Studenten willen, die sonst leicht das falsche Deutsch übernehmen, was einer Karriere, jedenfalls in Bayern, nicht förderlich sein könnte. Also die Bitte: Üben, üben, üben. Es gehd scho no!

Weitere Übungswörter für München-Anfänger: Grünwald, Putzbrunn, Gasteig, Geiselgasteig. Für fortgeschrittene Zugereiste: Großdingharting.

Anmerkung des Herausgebers:
OB Christian Ude nahm den von Johann Höfer und von anderen Mitgliedern des Fördervereins Bairische Sprache und Dialekte vorgebrachten Vorschlag zur Änderung der Schreibung „Münchener Freiheit" auf und ließ die Straßenschilder ändern.

Hochmusikalisch und lernfähig wie er war, übernahm Professor August Everding Johann Höfers Vorschlag zur Betonung des Wortes Prinzregententheater.

2

Glei drei Gleiche hinddaranand

Mundartschreibung braucht keine Reform

Von einer Schreibreform im Bairischen hat man noch nichts vernommen. Es herrscht weiterhin eine begrüßenswerte Vielfalt: auffi, auffe; boarisch, boaresch; bejhad, bäihad. A jeds voschdehd wos gmoad is. Bei ara Reglemenddierung kimd meisdns nix Guads aussa.

Wie man bei der schriftdeutschen Reform sieht. Do kunt oan s Grausn kema boidma ‚Schrubbbürste' oda ‚Krepppapier' schreim miassad, glei drei gleiche Konsonantn hinddaranand. So wos narrads.

A so schaud oiso de Zukumfd vo insana (unsana) Schbrach (Schbroch) aus: „Die Rollläden wurden laut Bestellliste geliefert"; „Die Stofffarben sind die neue Mode", „Ihre Stofffetzen verwandeln wir in einen Fleckerlteppich".

Die Folge wird sein, daß sich viele genieren, solche Schreibungetüme zu verwenden. Man wird zum rettenden Bindestrich flüchten: Null-Linie, Woll-Laden, Schiff-Fahrt, Genuss-Sucht, Wett-Turnen. Schöner wird das Schriftbild mit der Strichlerei nicht; es sieht eher nach geflickter Sprache und Notbehelfen aus.

Glücklich, wer bei drohenden Dreifachbuchstaben gerade ans Zeilenende gerät, dann kann man wie bisher trennen: Kenn-nummer, Brenn-nessel, Stress-sekunde, Walross-steak.

Zruck zum Dialekt. De Zamschreiwarei is do ja ned vorgschriem. Neugierig: „Wea weadn d Schwim Moasdaschafd (Schwimmmeisterschaft) gwinga?" Am Montag: „De meisde Zeid sama im Schried Tempo (Schritttempo) gfahn." Nach der Chorprobe: „Da jung Eberl hod scho a

„Du, Babba, wan griagsd na du amoi a Bass Schdim?“

ganz a scheene Bass Schdim (Bassstimme)." Oiss muasma a da Schrifdschbrach ned nochmaha!

Außerdem wird vielerorts, so auch in München, ein Schluß-l oder -ll oft zu i bzw. j. Auf der Post: „Gawads do aa a Schnejlieferung/Schnoilieferung (Schnelllieferung)?" Ein Problem tritt hier also gar nicht erst auf.

A bissl mehra Reschbegd ghearad si aa bei de Import Werdda, wen mas scho hom miassn: „Ich lese keine Sciencefictionromane" – a so deafma mid da englischn und da deitschn Schbrach ned umschbringa; do hods woi oana nima grechd beinand ghabd (ghabb, ghod)! Boarisch: „I lies koane Science Fiction Roman".

3

S Schnapsflaschl im Wandkastl

DAS „PREUSSISCHE L" WIE IN DÜSSELDORF PASST BEI UNS NICHT

Heißen Sie Riedl, Nagl, Duschl, Hagl, Seidl, Nüssl, Lindl, Kerschl, Kögl, Sedlmair, Tatzlwurm, dann müssen Sie den schönen bairischen Nachnamen Ihr Leben lang buchstabieren. Man wird immer ein „preußisches l" vermuten, also ein „el". Wie in „Düsseldorf". Humperdincks Oper „Hänsel und Gretel" hieße auf gut bairisch halt „Hansl und Gredl", noch bairischer: „da Hansl und de Gredl". Es fällt Norddeutschen schwer, auf das gewohnte „el" zu verzichten. Aber das Münchner Kindl ist nun einmal kein „Kindel", der Steffl in Wien ist kein „Steffel" und das Goldene Dachl in Innsbruck ist kein „Dachel". Es heißt „Weißes Rößl", auch wenn sich „Rössel" so schön singen läßt

Das bairische Schluß-l kann eine Verkleinerung oder Verlieblichung ausdrücken (Kindl, Würschtl, Glasl) und entspricht der Nachsilbe -lein, nicht dem nördlichen -chen. Solche Wörter auf -l gibt es jedoch auch mit eigenständiger Bedeutung, die man getrost verhochdeutschen kann. „Zwei Tragl Helles, bitte!", „Dreimal Leberknödlsuppe!", „Wir nehmen das Haxl", „Ich hätt gern das Scherzl" (Duden: Scherzel, Scherzl. Immerhin!), „Das Schnapsflaschl ist im Wandkastl".

Natürlich sagen und schreiben wir Christkindl (nicht Kindel), Ohrwaschl (nicht Waschel), Wiesnherzl (nicht Herzel), Hirnbatzl (nicht Batzel), Abschiedsbussl (nicht Bussel). Wer aufs Häusl geht, drückt sich nicht gscherter aus als wer aufs Klo muß.

Selbst bei manchen Zeitwörtern ist das preußische -el überflüssig. Die Leute massln (statt masseln); Rehfleisch wildlt (statt wildelt); die es vertragen, schnapsln gern (statt schnapseln); hin und wieder gehen wir zum Bisln (statt Biseln).

Bei den Vornamen hat sich das bairische -l überall durchgesetzt: der Gustl, die Christl, der Wastl, die Burgl, der

A so seng de Diandl noo mehra gleich

Michl, die Resl (aber: das Reserl), der Franzl, die Kathl (aber: das Katherl), der Girgl.

Ausgerechnet „der Seppl“ ist nach dem Norden gewandert und hat jetzt ein gesummtes „S“. Aber Sepp, Sepperl, Seppi ist genauso schön.

Lautlehre

So glingds

4

In Soizburg singans s Stille Nacht andaschd

Bairisch auch in Österreich daheim

Fast in ganz Österreich, in Südtirol sowieso, wead bairisch gredt. Auch wenn man örtlich „weaschd“ sagt für „wead“ oder „“Wuschzl“für „Wurzl“. Lokale Unterschiede gibt es bei uns genauso; sie machen den Reiz der Mundart aus.

Das münchnerische oa ist in Wien ein aa. Der Münchner: „I woas des ned!“ Der Wiener: „I waass aa ned!“ Unser ej (Wejd, Welt) hört man ent (drent, drüben) oft als ö (Wöd): „Mia brauchad ma des neie Gejd (Goid) ned!“ „Mia ham beim Eiro-Göd aa nix midzreen!“

Das dunkle boarische a fällt den Österreichern sofort auf, wenn sie ins Boarische kommen. Im Zug nach München: „Die Fahrkartn bidde!“ Gleich zwei dunkle a, was sie schmunzelnd registrieren: „Ietz sama bei de Boan herin!“ Das Wort „danke“ hört man in ganz Österreich mit einem

A guada Zau machd guade Nachban

hellen a. „Pfiaddi“, „Pfiadd Eana“, das ist alles wie bei uns.

Wir finden unsererseits vielleicht ganz lustig, daß im Nachbarland Minister angelobt (vereidigt), Bäume geschlägert (gefällt) und Haftstrafen bedingt oder unbedingt (mit oder ohne Bewährung) verhängt werden. Sportler tragen Leiberl, und die Piefkes freuen sich über das neue Pickerl.

Des bissal Grenz scheniad (scheniaschd) ned. A guada Zau machd a guade Nachbaschafd. Wea zweng zeha Mark Maut an saugrobn Lesabriaf loslassd („Höchste Zeit, daß Kohl ein Machtwort spricht!“), moad vielleicht, Essdareich is unsa (insa) siewazehnts Bundesland.

Unbekannt ist, ob wir uns jemals für die Vereinnahmung des österreichischen Kaiserlieds (Gott erhalte Franz den Kaiser) als deutsche Nationalhymne bedankt haben!

Mit Respekt und herzlich gehen die Volksmusiker miteinander um. Bei diesen Künstlern spürt man „ein Herz und eine Seele“, wenn sie alpenländisch singen und musizieren. Da schulden wir dem ORF und dem BR Dank. Das geht bis zum Austausch. Warum auch nicht, wenn eine Gruppe aus dem Oberland ein Kärntner Lied a wengal auf boarisch einstudiert oder eine Chiemgauer Gruppe etwas Südtirolerisches vorträgt. Awa – es ghead scho a Talent dazua! Und a fränkisch Liad wuradns woi ned browian.

„... na hods hoid gjamad und greaschd (geweint).“ Manche singen es sogar mit der österreichischen Aussprache. Die Melodie zu verändern ist jedoch problematisch. Wie es leider beim „Stille Nacht“ passiert ist, das man in Salzburg schöner singt.

5

De Kealmejna Fejzn

LAUTFOLGE I + L TEILT BAIRISCH IN VIER TEILE

Der Wilderer ist „a Wuidara“, „a Wejdara“, „a Widara“, „a Wildara“, je noch da Gengad (Gegend), awa koana is zwengden um koan Schdroach (um nichts) ned bessa – song d Jaaga.

Die Lautfolge i + l sprechen die Münchner als „ui“. Da gibt es den „Maria Huif Bloz“, eine „Suiwahornschdrass“, und in jeder Metzgerei „a guade Muizwuaschd“. Die vielen (vuin) Galerien haben „scheene Buidl (Buiddl)“ und überall sieht man „an Hauffa Schuidl (Schuiddl)“.

Auch im Umland der Hauptstadt regiert das „ui“. Samstags: „Wan gehdn s Fuasboischbui oo?“. „De wean heid ned vui zambringa“, „Dea ko eimfach (oafach) ned gscheid zuin (zielen)“.

Im Chiemgau hört man i + l als „ej". Beim Wetter: „Moing sogda weads mejda (milder)". Beruhigend: „Wejdschitzn gibds bei ins ned". Interessiert: „Wan (wiaboi) schbejddsn geng Mejdoaf?" Ist man als Nichthiesiger im

Dea Bua wead wos, dea ko scho guad zuin

Zweifel, bekommt man gern Auskunft: „Mia song Mejdoaf“. „Um Goddswuin, Muidoaf hoassds!“ Man ist nicht mehr im Chiemgau.

Im Oberland, also um Miesbach herum und links und rechts davon, hält sich das „viel“ auch als „vill“, wenngleich vom hauptstädtischen „ui“ hart bedrängt. Skeptisch: „Des Gschbil bringd ned vil.“ Zurechtweisend: „Bildda ned sovil ei!“ Lockend: „Fahma a b Filzn aussi?“ Ungläubig: „Wos, an Schbilhoo hosd ghead?“

Dagegen verzichten die Berchtesgadner völlig auf das „l“. „Wiavi issn scho?“, „An Schbihoo gibds scho no“; „Habds des Schidl ned gseng?“, „Es hifd nix!“, „So schnej schmizd da Schnee am Watzmoo om ned“.

Einheirat und Umzug bringen die lokalen Dialekte nicht durcheinander. Gar mancher Goldene Hochzeiter hat nie bemerkt, daß seine Hochzeiterin „wiavej“ sagt und er „wiavui“. Sogar im selben Haus und in derselben Kammer leben die Dialekte einträglich beieinander.

Eine nicht ganz leichte Hausaufgabe, gemischt mit Geographie: Sagt man in Übersee zur Kendlmühlfilze (Kealmejna Fejzn) (a) Fuizn (b) Filzn (c) Fejzn (d) Fizn?

6

Heid gehds ums A und O

Schon diese zwei Vokale zeigen die regionale Vielfalt

Die griechische Buchstabenreihe geht vom A (Alpha) bis zum O (Omega), während das Z irgendwo mittendrin ist. Im Bairischen teilen A und O das Land geradezu in zwei Hälften. Sagen Sie „I drink a Wassa“ oder „i drink a Wossa“?

Zunächst: das hochdeutsche lange A ist bairisch durch-

A Wassa oda Wossa hod vo dene koana bschdejd

wegs ein langes O: „I gibda an Rod (Rat)“, „Is des sei Schwoga?“, „Des is ned dei Schon (Schaden)“, „Hom song d Schwom (Haben sagen die Schwaben)“. Giftig: Dea Oogeewa braucht scho wieda an nein Wong (Wagen)!“

Hingegen ist das kurze hochdeutsche A nur gebietsweise ein O: Wassa/Wossa. Gerät man in ein O-Gebiet, heißt es sogleich: „Des head ma glei dass Sie ned vo do (von hier) san.“ Des nemli (dasselbe) bassiad oan, wo ma „A“ sogd: „Des head ma glei dasd ned vo do bisd.“

Da Boda: „Woschmas/Waschmas?“ Im Lokal: „Mia braucha(n) koan Oschnbecha/Aschnbecha.“ Im Garten: „Do waar a Odl/Adl (Jauche) grechd.“ Spruch ober dem Kanabé: „Losds/Lasds ma mei Rua!“ Entschlossen: „Des mochma/machma!“

Ein nachfolgendes L hat alle A in ein O verwandelt: hoiddd (halt), koid (kalt), Woid (Wald). Es ist ein zum a hin klingendes, offenes o. Und vom L ist bloß ein i übriggeblieben. „Wos sogdn da Woidda (Walter)?“, „De Koim (Kälber) mächdn auf d Oim", „Ietz rengs na ge boi (es wird bald regnen)."

Die O-Aussprache überwiegt im nördlichen Oberbayern und in Niederbayern und bestimmt weitgehend das in Österreich gesprochene Bairisch. „WollnS an Obfisoft?" „Ja, an Abfisaft!"

Wo anders wiederum (adiamanouschd) sagt man weder „Wassa" noch „Wossa". Man fragt: „Wous kosdn s Wouschn?" Wer die überlieferte Dialektaussprache ablegt, nicht mehr weitergibt, sich ihretwegen gar geniert, trägt leider zur Verarmung der Muttersprache bei, die zu solcher Vielfalt gewachsen (gwaxn/gwoxn/gwouxn) ist.

Die Hausaufgabe. Bitte mündlich und schriftlich. Wie heißt es im Dialekt? 1. Wer zahlt, schafft an. 2. Du bist ganz deinem Vater nachgeraten. 3. Was hast du gesagt? 4. Der Fuchs ist kein Hase.

7

Des is de oa, de i moa

Beim Reimen muss auch der Rhythmus stimmen

Gleich ein passendes Reimwort parat zu haben, ist ein Talent, das man bei den Gschdanzldichtern bewundert. „De oa, de i moa", kündet ein Volksliedrefrain, schlicht und doch voller Spannung. Leichter errät man das Reimwort in „A Vogei singd, da Guggu schreid, im Woid draussd iss a ...". Natürlich ist es die „Freid".

Der Reim sollte „rein" sein, also den gleichen Vokal und Wortausgang enthalten. „Deafst di scho draun, wos howi scho vom schaun!", rät die Dichterin Annemarie Köllerer. Schreibt man „schaung", leidet etwas der Gleichklang.

Deafsd di scho draun!

Bloße Augenreime wie Straß: Spaß meidet man, denn ein dunkles und ein helles „a“ passen nicht aufeinander, ebensowenig die unterschiedlichen „oi“ in „Hoiz“ (Holz) und „Soiz“ (Salz). Ideale Partner finden sich in dem sehr weisen Spruch: De Dummheid und da Schdoiz, waxn auf oan Hoiz.

Schriftsprachliche Schreibreste verschwinden von selbst, sobald man laut liest oder singt. Ludwig Thomas „Alle Weg san vaschnieb'n, is koa Steigl ned blieb'n“ ist halt „vaschniem“ und „bliem“. Man kann es auch gleich so schreiben: „Es wird scheene Madln geem, und mia wern nima leem!“ klingt es wehmütig aus Wien.

Nachsichtig hört man es, wenn die Sprache selber ein wenig zurechtgebogen wird, damit der Reim paßt.

„Da Suma is uma“ ist zwar ein perfekter Reim, aber da Suma is „umi“, nicht „uma“. „Ietz is scho wieda a Jahr umi!“ jammern wir.

Wer im Dialekt gern noch ö und ü schreibt, kann mit e und i anstandslos reimen: bös: Res, mia: Küa. Beim Lesen werden ö und ü von selbst zu e und i. Bloß: „dös“ für „des“, das schaut allmählich ouggad (seltsam) aus. Karl Stielers „ü“ lesen wir besser als „ia“, wenn er die Verehelichte klagen läßt: „Er hat so viel a scharfs Geblüt und oft an Rausch und nie koa Gmüt.“ Ein feines Gehör verrät, wer das „ei“ vom nasalen „ei“ fernhält. „Frei“ (frei) paßt nicht zu „frei“ (freuen), „gscheid“ (gescheit, richtig) nicht zu „gscheid“ (geschienen).

Wo Rhythmus, Reim und Inhalt stimmen, ist die Sprache schön. In seinem Gedicht „Prozession“ meint Herbert Schneider:

Heit hat da Himmivatta Vorfahrt,
aba des is a dumms Gred;
denn was hoaßt heit:
hat ers sunst vielleicht net?

Auf da Duid

8
Auf die Duid

Hopfn und Moiz – Gott erhoits! Gilt auch für Pfeffer und Soiz, Bayern und Pfoiz. Magister Höhenleitner erklärte in seinem Bairischkurs das häufige Verschwinden des „l“ im Mittelbairischen, also auch in der Mundart der bayerischen Hauptstadt. So wird die Schuld zur Schuid, der Wald zum Woid und das Geld zum Gejd. Den Satz „wir wollen auf die Dult“ verwandelte die sprachbegabte Silke aus Celle gekonnt in „Mia woin auf die Duid“. Torsten aus Kiel hatte weniger Glück, als er „auf jeden Fall“ mit „auf jeden Fui“ übersetzte.

Daß vor dem neuentstandenen „i“ gleichzeitg ein „a“ zum „o“ wird (kalt zu koid), konnten sich nicht alle Kursteilnehmer sofort merken. Als Hausaufgabe mußten sie die folgenden Wörter auf bairisch niederschreiben: bald, Brennholz, soll, sollte, Spielfeld, Fahrstuhl, selten, Schild, alt, Volksschule, aushalten, Walter, malen, Kanal, Mausefalle, Tanzsaal, Salzburger Nockerl, Tirol.

Das Ehepaar Mügge aus Neu-Kölln nahm die Hausaufgabe zum Törggelen nach Meran mit. Die dortigen Einheimischen sagten allerdings nicht „Koidderer“, sondern „Kalterer“. Sie blieben auch beim „Südtirol“, wobei sie Herrn Mügge zusätzlich über die Betonung belehrten. Magister Höhenleitner wird darlegen müssen, wie das ist mit dem „l“ im Süd- und Nordbairischen. Herrn Mügges Kommentar: „Nee. Eine bairische Sprache muss genuch sein. Ein zweites Bairisch lern wir nich auch noch!“

9

A so redi und schreibi, a so sogis und schreiwis auf boarisch

Vom Fürwort bleibt oft nur ein Buchstabe

Man sagt „i“ statt „ich“: „I sogs ja!“ Nachgestellt verschmilzt das winzige „i“ mit seinem Verb: howi, sogi, mogi, duai, woai (woasi), koi (koni), muai (muasi), bii (bini), soii (soidi). „Wos howi gsogd?“ Da lässt sich ein weiteres Fürwort anhängen: „ Des sogida ned!“ Wer's lieber auftrennt: „Des sog i da ned.“ Geht auch, aber wirkt buchstabiert.

Die Verkürzung trifft auch das „ea“ (er): „Wos hoda gmoad (gemeint)? Nicht selten pappt noch ein „denn“ dran: „wos hodan gmoad?“. Doch auch das „ihn“ wird zum „n“: „Hosdn gseng?“. „Habdsn ned dawischd?“ „Eam“ für „ihn“ hebt die Person besonders hervor. „Eam keni no ned, sie scho." Etwas überstrapaziert ist „Eam schaug oo!" neben dem gleichbedeutenden „Schaug eam ned oo!"

In Schmalzfilmen hört man: „Ietz sigi eam (sehe ich ihn)." Heißen muß es: „Ietz sigin (sihin)!" Awa mei!

Die Kurzformen von „sie" und „es": Bloß ein „s". Da kommt es auf den Sinnzusammenhang an. „Schimpfs ned!" Gemeint sein kann „sie", und zwar eine Person oder mehrere. Um „sie" oder „es" kann es sich handeln bei „brings!". „hois!", „fangs!".

Vielfach endet ein vorausgehendes Wort bereits auf „s". Dann sprechen wir ein scharfes, doppeltes „ss". „Lass!" bedeutet „Lass es!" oder „Lass sie!", Während mit „Lasn!" hochdeutsch „Lass ihn!" gemeint ist. „Lass ned aus de Aung!" wird einem geraten. „Wo issn scho wieda hi?", will er wissen, „Wos isn? Do iss ja! Do ent danzds."

Obwohl diese kleinen Fürwörter nur aus einem einzigen Buchstaben bzw. Laut bestehen, gibt es für den Dialektsprechenden keine Verwechslungen. Aus Gründen des Wohlklangs sagen wir in bestimmten Fällen „as" oder „es" an Stelle von „s". Etwa in: „Hosdas no gwissd?" (es noch gewusst). „Habdses nima kend?" (sie nicht mehr erkannt).

Im Bairischen stehen die Wörter nicht starr und steif nebeneinander, sie schmiegen sich aneinander, oft als bestünde der ganze Satz aus einem einzigen Wort. Nur das Französische hat wohl einen ähnlich anschmiegsamen Satzrhythmus: Qu'est-ce qu'elle a dit ton amie? Wos hodsn gsogd dei Freindin?

Grammatik

So hoasds richti

10

De san de ganz Zeid an oan Gaudi macha

Fortwährende Tätigkeiten

„Da Nachba is a oan jaman.“ „A Zoacha, dass eam ned schlächd gehd!“ Mit „a oan (+ Verbform) drückt man eine fortwährende Tätigkeit aus, oft an der Grenze zur Übertreibung.

„Insa (unsa) Chef is a oan grandln“ besagt dasselbe wie „Ea grandld de ganze Zeid“. „Da Bua is a oan leana, awa ea bringd nix zam.“ Bei solchem Fleiß wird er in einem anderen Beruf Erfolg haben. Im Mietshaus: „Worum isn owa ins (über uns) koa Rua?“ „De han (san) de ganz Woch a oan feian. Lass no!“

„Vo laudda (+ Verbform)“ weist ebenfalls auf ein oft übermäßiges Tun hin. „Vo laudda pfiagodsong (Abschiednehmen) duad ma ietz de Bratz (Hand) weh!“ Eine bekannte Gefahr: „S Diandl is scho hoiwad dourad (taub) vo laudda laude Musi hean!“

Im Gespräch liegen „a oan“ und „vo laudda“ nah beinander. An Namidog (am Nachmittag) han (san) de Kin(da) a oan Fernsehschaung. „Habds d Hausaufgob scho gmachd?“ „Des hema ietz gladd vogessn.“ „Jaja, vo laudda jedn Schma(rr)n ooschaung!“

Eine solche sprachliche Verknappung bringt das Hochdeutsche kaum zuwege. “Vo laudda oiwei zschnej fahn hams eam ietz an Firaschein gnama (gnoma).“ Nach der

Wahl: „Ietz isa a oan Kopfschiddln und Nochsina und d Leid bes ooreen wei a ned an Landdog einikema is."

11

Ietz deafsd den Kaas ausschoiddn

Die sogenannte Befehlsform (geh!, geht!, gehen Sie!) handhabt das Bairische legerer. „Sei endlich still!" – da genügt „Ietz bisd amoi schdaad." Die Anweisung „Geh und hol die Zeitung!" läßt sich durch „Ietz gehsd und hoisd de Zeidung" weniger anschafferisch sagen.

Weisungen an mehrere enthalten das freundliche Anrede-s: „Kemts eina und warmts enk auf. Glangts zua und lassts es enk schmegga. Schenkts enk sejm ei (oder: Eischengga doats/deats enk sejm)." Beim Schreiben braucht man hier keine Apostrophe. A boarischa Text muas ned ausschaung ois hendn d Heena dagreid (zerkrallt)!

Das „s" paßt auch bei der Verneinung: „Saufts ned aso und machts ned a so an Grach!" Zu ewig Jammernden: „Deats (doats) ned ga(r) so schiach (so noudi)!"

Vielfach umschreiben wir Anweisungen mit „meng" (mögen), so daß sie mehr als Wunsch des Angeredeten erscheinen. Statt oder neben „bitte" fügen wir gern „sei so guad" hinzu. Etwa: „Mogsd an Kiwi (Kübel) auslaan? Sei so guad." „Mogsd ma d Schaar (Schere) umaglanga? Sei so guad." Am Telefon: „MengS ma d Adress song? SanS so guad."

Schon a wengal raffiniert geht vor, wer die Befehlsform in eine Erlaubnis umwandelt. Als der Schmarrn im Fernsehen zu groß wird: „Ietz deafsd den Kaas ausmacha!" Um 3 Uhr in der Früh: „Ietz deafds na scho amoi schaung, dass weidakemts!" Natürlich ist der ganz unschuldig angedeute-

Ietz deafsd na scho s Breedin aufhean!

te Wunsch oft die beste Garantie zu seiner Erfüllung: „Jessas, ietz is s Weegal scho wieda zuagschniem!“

Manchen von uns dämmert noch eine Erinnerung an „biddi ga(r) schee“ (ich bitt dich gar schön), mit Betonung auf „gar“. Vor allem vom Kind erwartete man diesen Spruch, wenn es etwas heiß begehrte. Das ganz brave Kind machte dazu mit den Händen die Bittgeste, und wer konnte da schon widerstehen! Bitten und Danken lernte man, wenngleich pädagogisch bedenklich, häufig wie folgt:

„A Eis mägsd? Wia sogdmadn do?"
„Gejtsgod."
„Naa. Zerschd?"
„Biddi ga schee!"
„Brav. Do, hoida (hol dir) a Eis. Und wia sogdma?"

12

Isa rächd hunzad da Schef?

Die bairische Endung -ad drängt als -ert ins Hochdeutsche

Man hört immer gern, wie es anderen geht. „Isa ned a bissl hunzad da Schef?" „I las mi ned hunzn, des deafsd ma glaam!" „Hunzad", das hängt wohl mit Hund und hetzen zusammen. Fiar an Hunzadn mog ma ned arwa(d)n!

Diesem -ad entspricht hochdeutsch -end, so in sitzad (sitzend), liegad (liegend), schdehad (stehend). Ärgerlich ist „a dripfada Wäxl (tropfender Hahn)". Ungern steht man unter „a rinadn Dochrin".

Die bairische Endung -ad übernimmt auch viele Adjektive auf -ig, z. B. eggad (eckig), oagseiddad (einseitig), dreggad (dreckig), naggad (nackig, nackt). „Hosd nix ghead? Bisd dourad (schwerhörig)?"

Mit -ad Wörtern lassen sich Menschen, Tiere, Dinge treffend beschreiben. „Bas auf, i beschreib dan: langgrogad (langhalsig), schwarzharad (schwarzhaarig), hagglnosad (hakennasig). Na kensdn glei." Es ist nicht immer Spott, wenn Typisches hervorgehoben oder auch zu Unrecht gesehen wird. So sind manche „gwambbad“, „batzlaugad“, „bugglad“, „barddad (baschdad)“, „langhaxad“, „gropfad“ und „gschwoischellad“ (schwellköpfig).

Einer ist „ruahad“ (raffgierig), ein anderer „ned nochdrogad“ (nicht nachtragend). Im Kuhstall hört man: „Iss gwies drogad (tragend, trächtig) d Erna?“ Bei den Hühnern: „Hans (sans) no oi leegad?“ „Oane bruadd scho.“ Na gibds (gibbs) wieda Headä (Küken).

Auffällig fromme Menschen gelten manchmal als „bäddad“ (vielbetend). Aber nicht nur „Bäddade“ haben einen „Bädda“, also einen Rosenkranz. „I hob mein Bädda vogessn!“ Dann heißt es mitzählen (mid de Finga)!

Inzwischen wandern nicht wenige -ad Wörter mit der -ert Endung geschmückt in unser Hochdeutsch. Journalisten und Literaten schreiben zunehmend: Ein letschertes Programm, eine kracherte Musik, die nackerte Wahrheit, ein gschlampertes Verhältnis, eine rucherte Vermieterin, ein hunzerter Chef, ein dreckerter Witz, eine depperte Bemerkung, der knickerte Finanzminister, ein narrerter Ansager.

Mit den bairischen Wörtern auf -ert und -erl klingt das oft dürre Hochdeutsch weicher, freundlicher. Ludwig Zehetner („Bairisches Deutsch“) und Wolfgang Johannes Bekh („Bairisch“) sind treffliche Wegweiser. Warum sollte „a hupfads Wassal“ nicht auch ein „hupfertes Wasserl“ sein?

13

An Jaggal sing ma a Schdanddal

Die vielen -chen wirken arg eintönig

Sagen Sie „Bübchen“ oder „Büblein“; „Schäflein“ oder „Schäfchen“? Solche Verkleinerungswörter (Diminutive) auf -chen oder -lein verwenden wir fortwährend, aber die

A gloas bissal wagglda iatz scho!

Endung ist selten austauschbar. Wir sagen nicht „das tapfere Schneiderchen" und auch nicht „Die sieben Geißchen".

Das -chen klingt für uns nicht heimisch. Der KLUGE, Etymologisches Wörterbuch, klärt uns auf: „Erst nach Luther setzt sich die nördliche Form -chen gegen das südliche -lein durch."

Der Dialekt hat Charakter gezeigt, er kennt heute noch kein -chen. Das südliche -lein erscheint als -al: Herzal, Goschal, Nasal. Mit der Schreibung -erl wird ein hochdeutsches Wort daraus. „Ist ein Platzerl frei?" „Bitte ein Glaserl Wein!" „Ein Sträußerl Maiglöckerl der Herr?" Aber Vorsicht: Man spricht nicht e-r-l, sondern a-l, wie im Dialekt. Das vielgehörte Schmanke-r-l verrät stets seine nördliche Herkunft! Weitere Lichtblicke: Griesnockerl, Skihaserl, Abschiedsbusserl. Noch heißt es „Betthupferl" und nicht „Betthüpfchen".

Eine freundliche Antwort auf „Voschdengan Sie boarisch?" wäre „a wengal", „a bissal", „a gloans bissal", „a ganz a gloans bissal". Ein Spanier tut sich leichter: „Un poco", „un poquito", „un poquitito". Gleich ein doppelter Diminutiv! Nicht so ein Franzose: „Un peu", „un petit peu", „un tout petit peu".

Die „-chen"-Sucht sollten wir nicht auch noch fördern. Diese neueren Importe brauchen wir nicht. „Gehen wir auf ein Bierchen?" Da paßt „auf eine Halbe" besser. Zum Dakkel: „Bleib schön bei Frauchen!" Das schwäbisch-fränkische Fraule ist bairischer. Im Streß: „Momentchen!" Warum nicht „Momenterl" (gesprochen -al)! Selbst das Ständchen läßt sich austauschen: „An (dem) Jaggal singma a Schdanddal." Manchmal verbietet sich das -erl bzw. -al: „Zwei Weißwürscht bitte!" Keinesfalls „ein Paar Weißwürstchen" oder „Weißwürschterl"!

Leider ist es mit unserer Standfestigkeit nicht weit her. Kaum taucht ein Wort wie „Schnäppchen" oder „Knöllchen“ auf – schon machen wir uns damit wichtig. Und „Treppchen“ muß es sein, ja nicht das österreichische „Stockerl“.

Werden wir demnächst „Prösterchen!“ sagen, uns mit „Hallööchen!“ begrüßen?

Ach Gottchen! Diese Leutchen bei uns in Bayern mit ihren niedlichen Problemchen!

14

Hosd an Guggu scho ghead?

Ein Einzelwesen kann oft auch für den Sammelbegriff stehen

„Da Guggu is do!“ Dieser Ausruf führt zu eiligem Gejdbeidlschidln (Geldbeutelschütteln).

Kunt (kant) ja sei, dass (dass es) wos hejfd (huifd)! „Da Guggu“ sagt man, meint aber nicht einen bestimmten einzelnen.

So ergeht es mehreren Tieren, die uns besuchen. „Da Fuchs brauchd wos z fressn!“, meinen wir anteilnehmend, wenn er ein Nachbarhuhn entführt hat. „Dua fei s Auddo a de Garasch eini (nei), ned dadda (dass der) Mohda (Marder) driwakimd (driwakimb)!“ Mit seinem Appetit auf warme Schläuche.

Die Gefahren der Freilandhaltung: „Bassds auf d Heena auf, da Schdejssa is umsend (in der Nähe)!“ Angesichts einer reichen Nußernte: „Gunnts (gönnt) do an Schbechd aa oa!“ Eine uralte Holzwand: „De reissma aussa. Do is gwies da Hoizwurm din (drin)!“ Is gar ned gsogd (gsogg)!

Und wia dadn d Meis song (sagen)? „A da Katz hengma a Gloggn umi, na heamas boiss kimd (kimb)!“ Awa wea duads?

Da Breiß hoidd se oiwei zruck? Do kimbd oan scho a Lacha aus!

Sogar beim Storch begnügen wir uns mit dem Sammelbegriff: „Ietz is scho wieda da Schdorch kema. Bei dene gehds gar nima aus!"

Kein Wunder, daß wir auch Menschengruppen in Städten und Landschaften, ja sogar ganze Völker als Singular schildern. „Da Münchna – koma des heid no song?" „Da Schwob is a fleißiga Mensch!" „Da Niedaboa hod scho adiam (diam) a hoass Bluad!" Da gibt's Verallgemeinerungen und Vorurteile. „Da Breiß hoidd se oiwei zruck und lassd de Einheimischn reen (redn)!"

Bei anderen Ländern rührt der Sammelbegriff wohl von der kriegerischen Vergangenheit oder der wirtschaftlichen Macht her. „1945 is da Ami kema." „Da Franzos mog guad leem." „Da Englända is seit 1973 in da EU." „Da Russ is sisd (sischd, sunsd, sinschd) ned uhrechd!" „Da Jabbana is iwaroi voun (vorn) dro!" „Da Schwed hod amoi ganz schee ghausd (umgwurzd) bei ins do." „Des denggi nima." (Daran erinnere ich mich nicht mehr.)

15
Da Schdahd schmeissd s Gejd grod aso aussi

„Aussa“ und „aussi“ auch in Wortzusammensetzungen

Falscher Dialektgebrauch erregt Heiterkeit. „Da Schdahd (Staat) schmeissd s Gejd grod aso aussi (nicht „aussa“, da hielten wir gern die Hand auf!).

„Aussa“ bedeutet in der Regel „heraus“, also auf den Sprecher zu: „Kimm aussa, es bassiadda nix!“ Hingegen: „Roas hint aussi, do sichddi koana!“

Körperteile tut man aussa: an Blinddarm, d Mandln (dunkles a), an Groobf. Der Zahnarzt: „Sojin (soll ich ihn) glei aussadoa?“ Manches nicht für dauernd – der Hausarzt: „SchdregganS amoi de Zung aussa (nicht: aussi)!“ Der Rekrut vernimmt: „DeanS de Brusd aussa (nicht: aussi), ned an Bauch!“

Das Wechselgeld bekommt man ebenfalls „aussa“: „A Fuchzgal griangS no aussa.“ Beim Kartenspiel: „Jetz duan (tu ihn) aussa dein Drumbf (Trumpf)!“ „Weng dein Neina? Nixdo, den schdichi dant (helles a, direkt, mit der Farbe). Das Wort „dant“ hört man auch in Formulierungen wie „des baggma dant“, „den schluggi dant“ (mit links, mühelos).

„Aussa“, „aussi“ – bestimmend ist der Ort, an dem man es sagt. Ein Hauptstädter: „Mia kema gean aufs Land aussa.“ Und natürlich muß es auch heißen: „Des häadma glei aussa dass Sie a Minchna san!“

„Aussi“ ist „hinaus“, weg vom Sprecher. „Is dea Randaliara no do?“ „Naa, den hod da Wirt (Wiurt) scho aussideifid (aussigjogg, aussigschdabb).“ Aber, trotz Bezug zum Sprecher: „Herrschaft, ietz howimi (hab ich mich) aussigschbahd (ausgesperrt)!“

D Hand bringda sejddn aussa

Gebietsweise heißt es „naus“ für „aussi“, und „raus“ für „aussa“. Wo sich beides nebeneinander eingebürgert hat, wie in der Landeshauptstadt, wird „raus“ von vielen auch statt „naus“ verwendet. „KumaS mid, gehma in Garddn raus!“ Es sollte „naus“ oder „aussi“ heißen, aber mei! Sama (seien wir) frou (froh), dass no Minchna gibd (gibb), de wo no boarisch kinan (münchnerisch: kena)!

16

Des ghead mei, dasdas woasd

Der Wen-Fall kann den Wem-Fall verdrängen

Vom „m“ zum „n“ ist es nicht weit – auch nicht in der Grammatik. Wir sagen „Wem ghead des?“ (mehr in der Stadt), aber auch „Wen ghead des?“ (besonders auf dem Land). Da übernimmt der Wen-Fall die Rolle des Wem-Falls, und die Sprache verträgt es.

„Des sogi meim Vadda“ wird ähnlich zu „Des sogi mein Vadda“, und sogar zu „Des sogi a mein Vadda“. Argwöhnisch: „I drau dem Dragg (Gauner) ned“, oder noch mundartlicher: „I drau den Dragg ned“, und schließlich, am „allermundartlichsten“: „I drau a den Dragg ned.“

Dieses „a“ paßt sehr gut in das europäische Sprachkonzert. „Des sogi a mein Freind“ (meinem Freund) stimmt überein mit „Je le dirai à mon ami“, „Lo dirò al mio amico“, „Lo diré a mi amigo“. Wieder sieht man, wie hilfreich es ist, wenn man bairisch kann.

Der Wem-Fall (Dativ) wackelt also im Bairischen, auch wenn der Städter bei seinem „m“ (bei sein m) bleibt. Das „a“ nimmt man natürlich auch vor weiblichen Hauptwörtern: „Ghead dea Schlien (Schliddn) a deina Schwesda?“.

„Ghead des mei oda dei?“

„Bassd des a seina Freindin?“, „Foing (folgen) de Kin(da) no a da Muadda?“

Nimmt man statt dem (schdod an) Hauptwort ein Fürwort, so ist wieder alles anders. Jetzt meldet sich der Wes-Fall (Genitiv): „Des ghead mei!“, kommt es energisch aus dem Laufstall. In der Stadt eher: „Des ghead mia!“ Belehrend: „S Roos ghead dei, awa de zwoa Filä (Filei, Fohlen) ghean mei, dasdas woasd!“ „Au! Ietz sogis awa a da Mama!“

Eine Hausaufgabe darf nicht fehlen. Wie sagt man es bairisch (jeweils zwei Versionen, bitte!):

1. Hast du deinem Vater das Zeugnis schon gezeigt?
2. Was schenken wir unserem Sohn für die guten Zensuren (!)?
3. Gehört der Batzen Geld mir?

17

Ietz bisdma auf de Zehan drädd

GEWISSE VERBEN NEHMEN „SEIN“ IM PERFEKT.

Wer etwas unternommen hat, hört gern die Frage: „Wia issdadn ganga?“ Auch: „Wia hodsdadn ganga?“ Beides paßt auch hochdeutsch: Wie ist/hat es dir ergangen?

Und doch – wir überlegen, ob das „hat“ so ganz richtig ist im Süd-Hochdeutschen. Es klingt eher nördlich. Wir sammeln Beispiele aus der Mediensprache. „Hat es am Geld gelegen?“ (Bei uns lieber: Ist es ...?), „Hat Kahn im Tor gestanden?“ (Bei uns lieber: Ist der Kahn ...?), „Er hat zum VfB Stuttgart gewechselt“ (Bei uns lieber: ist zum ...).

Wenn Sie zögern, hilft Ihnen die Form im Dialekt. Heißt es „Es hat ...“ oder „Es ist in der Zeitung gestanden“? Die

Dialektprobe ergibt: „Des is a da Zeidung drin gschdana“, also auch hochdeutsch „es ist“.

Prüfen Sie gleich jetzt Ihr Hochdeutsch:

1. Was hat/ist auf dem Zettel gestanden?
2. Sie ist/hat ein gutes Rennen gefahren.
3. Er hat/ist sofort auf der Schnauze gelegen (bei uns lieber: Nase).
4. Du bist/hast mir auf die Zehen getreten.
5. Haben/sind Sie schon einmal gesessen?

Im Nord-Hochdeutschen finden sich die haben-Formen häufiger. Diese Tendenz müssen wir nicht nachmachen. Zum Vergleich: Im Englischen wird die zusammengesetzte Vergangenheit immer mit „haben“ (have, has) gebildet (He has changed for Manchester United). Einige slawische Sprachen erlauben nur „sein“ (Ste dôbro spáli? – Haben Sie/ wörtlich: Sind Sie/gut geschlafen?). Wiass hoid iwaroi da Brauch is!

Zurück zu unserer ersten Sprache. Obacht beim Partizip, dem Mittelwort. Wo es zwei Formen gibt, sollten wir die ältere nicht vergessen. „Mia hams ned gwussd/gwissd“, „Grod hams gleidd/gliddn“, „I hobmi gfiarchd/gfarchdn“, „Hods scho gschneid/gschniem?“, „Is de ganz Fabrik ohbreend/ohbruna?“, „Wea hodsn oozindd/oozunddn?“, „I homas scho schiaga(r) denkt“, „Des Buiddl (Bejddl, Biurddl) do howi fia di gmoid/gmoin“.

Unser Hochdeutsch, Südhochdeutsch, hat seine Wurzeln immer noch im Dialekt. Beide bedürfen ständiger Pflege, nicht der Gleichmacherei.

18
Seidds scho unt? Mia bleim herom

Auch die Ortsangabe wandert mit

„Heidds scho unt (untn)?“ telefoniert einer ins Tal hinab (as Doi owi), oder nach Australien hinunter (auf Australien owi). Erwartet wird: „Jawoi, mia (mi) han scho herunt (heruntn).“

Der selber Sprechende kann nicht „unt“ bzw. „untn“ sein, er sagt „herunt“ oder „heruntn“. „Mia han scho z Fischbachau herunt. Wiaboi kemts ees owa?“ Oder, egal ob die Frage in Richtung Wendelstein oder Nordpol geht: „Wia lang bleibdsn no am (om)?“, also „oben“. Die mögliche Antwort: „Ins gfoids do heram (do herom). Mia bleim no a Zeidlang.“ An Fernsehn songs zwar, dass (daß es) Grooweeda wead (Schlechtwetter wird).

Gleiches gilt für „ent“ und „herent“: „Arwan dua i ent (zum Beispiel am anderen Flußufer), awa wohna dua i herent (auf dieser Seite).“ Oft fügen wir „do ent“ bzw. „do herent“ hinzu: „Do ent hams scho a andane Drachd (Tracht) ois wia mia (mi) do herent. De insa is scheena.“ Was eine vo „ent uma“ vielleicht anders sieht, es sei denn „d Liab go (zu) an herenddan“ (zu einem von dieser Seite) lassd ned aus!

Auch „din“ und „herin“ gehören zusammen, ebenso „daussd“ und „heraussd“. „Guad damma herin han!“, freut man sich bei einem Sauwetter, boiss daussd rächd duschd. „Han de Kerstin und da Claus-Dieter scho herin?“ „Naa, de han no daussd.“ „Do keemans, soachnos!“ stellt man fest.

Nach dem Regen (noch an Reng) meldet bald einer von draußen: „Schee iss heraussd! Kemts aussa. Roasma wieda!“ Iatz gehds hibsch gaach bergoh (ohwärts). A bissl hods ohgfrischd, awa d Sun is scho wieda heraussd.

Vo unt auffa keeman oiwei no mehra Leid. „Weans ins

hoid wieda grod schichdweis an Gibfe auffilassn“, argwöhnt man. Später: „Enddli hama heram (herom)!“ Der Berg erzieht zur Rücksichtnahme: „San Sie efda heram?“ „S Jahr oamoi (einmal im Jahr) hoid. De andan mächdn ja aa auffa!“

Freilich, Wer nicht mit „unt“ und „am“ und „ent“ und „din“ und „daussd“ aufgewachsen ist, kommt weiterhin mit druntn, drobn, drübn, drin und draussn gut zurecht.

Wortschatz

So sog i dazua

19

Servus und measse fia des Gschenk!

Modewörter oft im zeitlichen Wandel

„Servus“ (lateinisch: Diener) sagt man als Begrüßung und beim Abschied. Manche erwidern darauf „Hawaderi“ (Habe die Ehre).

Oder in anderer Reihenfolge: „A, da Martl, hawaderi!“, „Servus Gustl. Wo aus?“, „Du, mi(a) bressiads. Servus dawei!“, „Hawaderi.“

Hier würde „griassdi“ und „pfiaddi“ genauso passen. „Servus“ bedeutet natürlich auch „griasseich“ und „pfiaddeich“. Bei Zuwanderern ist „Servus“ beliebt, obwohl sie sich das unpassende Summ-s nicht abgewöhnen können. Als Abschiedsgruß trennen sie sich kaum von ihrem

„tschüss", wohl auch deshalb, weil sie es von zuvielen Einheimischen hören.

Das herzliche „Servus" verwenden gern Unterhalter (nicht: Entertainer): „Servus beinanda. Gfreid ins dass kema seidds. Mia winschn eich a guade Unddahoiddung. Baggmas Buam? Auf gehds!" Zuwanderer sollten eine Begrüßung lieber mit „Grüßgott" beginnen. „Servus, meine DamHerrn!" klingt meist anbiedernd und kann die Fröhlichkeit verscheuchen.

De zwee gehn gwies ned mid „tschüss" ausanand

Neben dem „hawaderi“ bzw. „hawadere“ ist wohl auch „measse“ (merci) im Abkommen. Es ist kumpelhaft, aber hat gegenüber „danke“ und „gejtsgood“ wenig Überlebenschancen. In der Pause: „Mägsd amoi beissn?“ „Ja... Measse!“ „Guad, gej?“ „Subba.“

Das englische „super“, schon auf total bairisch getrimmt, hört man jetzt von jung und alt. Es scheint sogar die feiner abgestimmten Adjektive wie „pfundi“, „griawi“, „bäri“, „zimfti“, „zeam“ zu verdrängen. Früher: „Habts a rächti Gaudi ghabd!“ „Ja, rächd zimfti iss gwen (owaganga)!“ Heute eher: „Habds eich subba amüsiad?“ „Des glaabsd! A subba Schdimmung. D Musi war brutal guad. A mega zeame Didschej hams aufgrissn. Echd subba des Fest!“

Ja Serwass! Awa es headsi scho no boarisch oo. „Ja Servus“ sagt man zu sich selber, wenn die Überraschung groß ist. Nach dem Lokalbesuch: „Do isma a Wunda bassiad. I how a Flaschn Wei bschdejd, und wiar is drungga ho, iss a Wassa (Wossa) gwen.“ „Ja Serwass, gibdsn des (sowas) aa!“

20

Heid waar a Weeda fian Wirtsgartn!

Ein alter Begriff soll weiterleben

„I bi da Wirt“ oder „I bi d Wirtin“. Eine solche Begrüßung in einem fremden Wirtshaus freut einen. Ma mechd aa d Wirtsleid kenaleana, ned grod de Bedienung.

„Wirtshaus“ sagt man. Meist liest man „Gasthaus“, nowiga (nobler) „Gasthof“, no nowiga „Landgasthof“. Immerhin läßt sich daran der Preis des Schweinsbratens abschätzen. Statt dem Wirt trifft man oft einen „Gschäftsfiara“.

Das Schild „Biergarten“ ist gegen den Sommer zu allgegenwärtig. Warum eigentlich Biergarten?

Es gibt Obstgärten, Weingärten, Gemüsegärten, Pflanzgärten, Hausgärten – aber Biergärten? Gemeint ist doch der gute alte Wirtsgarten oder das Wirtsgartl. Isn des koa schees Wort nima?

„Bierkeller“ ja. Dort haben die größeren Brauereien einst ihr Bier zur Reife gebracht und im Sommer oft auch am Ort ausgeschenkt. Nur bei ihnen ist die Bezeichnung „Biergarten“ vielleicht angemessen. „Is there a beer garden?“ fragt der ausländische Tourist.

Bald wohl auch: „Is there a beer house?“ Es ist schon üblich, daß der Kioskbesitzer zwei Tischerl aufstellt und großmächtig „Biergarten“ auf ein Schild malt.

Sogar die Behörden kennen nur noch „Biergärten“. In Österreich heißt es „Gastgarten“. Da wird der Gast, die Gastlichkeit betont, nicht ein einziges Produkt verherrlicht. Schließlich wollen viele, namentlich Jugendliche, auch einmal ein anderes Getränk.

Wohltuend, wenn man bei Thomas Mann liest: „Beim Aumeister hatte Aschenbach eine kleine Weile den volkstümlich belebten Wirtsgarten überblickt...“ Muasn des sei, dasma insane (unsane) scheesdn Werdda bein Fensda aussischmeissn (nausschmeissn)? Liest man demnächst „Openair Beer Centre“?

Die Vermutung, daß dem Wirt und der Wirtin der Begriff Wirtsgarten lieber ist, trügt mit Sicherheit nicht. Schließlich haben sie dort das Sagen, auch wenn sie zulassen, daß der Besucher sich selbst bewirtet.

Wirte wollen natürlich bewirten, möchten Anerkennung, sind in der Regel großzügig, dürfen aber auch gelegentlich etwas grob sein. Ein ganz besonderer besingt sich in einem der bodenständigen Zwiefachen: „I bi da Wirt vo Schdoa, i drink mei Biar alloa!“

21
Des is oiss ghupfd wia gschbrunga

Zeitwörter (Verben) lassen sich abwandeln (konjugieren). I ko (kann), du kosd, ea ko, mia kinan, es kints, dia kinan. „Dia kinan ins gern hom!“ ist oft ein passender Abschluß.

Die Mehrzahlformen „kinan“ und „kints“ lauten recht ähnlich wie die von dem Verb „kena“ (kennen), und da ist es passiert. Unsere Städter, namentlich die Hauptstädter, sagen „mia kena des“ und sie meinen beides: Wir kennen das und wir können das.

Ländlich (und genau): „Mia kenan des (kennen es)“ und „Mia kinan des (können es)“.

So, ietz hamas eana amoi gsoggd (gsogg)! Im Hochdeutschen sind „gehen“ und „laufen“ durcheinandergeraten. Laufen Sie auch unterm Gehen? „Ich lauf täglich ins Büro.“ Dennoch sieht man ihn nur gehen. „Sie müssen mehr laufen!“ rät der Doktor, gibt dann Gott sei Dank zu, daß er gehen meint: „Sie miassn mehra gee!“ Der Dialekt klärt, beruhigt.

Im Dialekt beherrscht „roasn“ die Fortbewegung“, wobei wir nicht an lange Reisen denken. „Roas umi zun (gon) Beck (Bäcker)!“ Auch „sausn“ alarmiert niemanden: „Sausd schnej (schnoi) a de Gmeinde auffi?“ „Rena“ (rennen) bedeutet schon eher „a Renads“. Auf der nächtlichen Heimfahrt: „Wos rensdn a so? Schbinsd ietz total?“ Zu weniger hektischer Zeit, als der Lehrling zum Brotzeitholen aufbrach: „Daren di fei ned!“

„Hüpfen“ und „springen“ bezeichnen kleinere und größere Sprünge. „Hupfa“ klingt städtisch, „hupfn“ oder „hupfm“ ländlich. Da Froosch hupfd (ned schbringd) an Weia eini. Da Hirsch schbringg (ned hupfd) iwan Zau iwri. A jeds wiass es ko. Adiam (diam) is ebbas (ebbs) ghupfd

Eam schaug oo, da jung Hupfa!

wia gschbrunga. Zu Jugenderlebnissen von Burschen zählt: „Wos mägsdn du, du junga Hupfa!“ Es klingt ermutigender als das abfällige „junga Schbund“.

Die unvermeidliche Hausaufgabe: Wie heißt es richtig? I hobma den Unddaschied nia mirgga/mergga kena/kina. (Oder geht beides?)

22

Schaugts hea, min Handradl schdejd ma d Schnittiefe ei

TECHNISCH GEFÄRBTES BAIRISCH – DAMIT LÄSST SICH ALLES ERKLÄREN

Ohne an Hama (Hammer) gehd nix. Das wußten schon die ersten Menschen und wissen die kleinsten Bastler. Das häufigste Opfer ist der Nagel (da Nogl) bzw. sind die Nägel (d Neegl). Eine solide Unterlage bietet der Amboß (von „an“ + „boussn“). Das Verb „boussn“ (schlagen, klopfen) ist noch recht aktiv: „Wea boussdn do a de Diar hi?“. Im Winter: „Boussda fei an Schnee owa vonesd einagehsd (bevor du hereingehst)!“

Manche retten den umgeschlagenen Nagel wieder mit einer Zange (a Zang). Das Zangl hat ein helles a. „Mid den Beisszangl do bringsdn leichd aussa!“ Mit „Beisszang“ kann auch eine Person gemeint sein, die aber nicht so schlimm ist für einen Bayern wie die „Kneifzange“.

Für lösbare Verbindungen braucht man Schrauben (Schraum, Schraufn). „Schraufn“ ist männlich: „Do bassd dea Schraufn ned.“ Aber: „Brobier amoi de gleana Schraum!“ A Hoizschraum gehd leichda aussa ois wiar a

Dea Mechanigga do hod ned bloos s Weaggzeig, sundan aa des Talent gon Auddobaun!

Nogl. Zum Kind: „An Schraufnziaha muasd grod oosetzn, sisd magsd an Schliez hi!“

D Maschinaschraum hod a Gwindd und a Muadda. Do lassd se oiss zam und ausanan schraufn (schraum).

Verschraubungen schließt und löst man mit dem Schlüssel (Schlissl). Oda ma nimd an Franzos (verstellbarer Schraubenschlüssel). Genauer gesagt gibt es den Franzos und den Engländer.

Bein Englända drahd ma an Grief, da Franzos hod a extris Radl zun Vaschdejn. Sehr praktisch ist beim Montieren der Radschnschlissl.

D Schraum wean mid Auddomaddn broduziad, awa a Mechaniggalehrling (Maschinenbauerazubi) ko se auf da Drahbank aa sejm oane macha.

Die meisten Fachausdrücke der modernen Fertigung lassen sich nicht im Dialekt wiedergeben. „Ietz schausd, wos fara Vorschubgeschwindigkeit dasd braugsd!“ Man kann alle technischen Vorgänge auf bairisch schildern, bloß darf man durch ein künstliches Verbiegen der Fachtermini „ned an Grampf einikema“!

Der Meister: „Do segts ietz mehrare Werkzeigmaschina: A Drehmaschin, a Fräsmaschin, a Bohrmaschin. De miassds oi bediena kina. Ganz wichti is, dass de Sicherheitsvorschriftn beachts.“

Das ist kein verschandelter Dialekt, sondern technisch gefärbtes Bairisch. Ein Wort wie „Schnittiefe“ beläßt man. (Neuestes Schriftdeutsch: Schnitttiefe. O mei!)

23

No zjung gon heiradn (heiron)

EIN SCHÖNES ALTES WÖRTERL MUSS SICH WOHL VERABSCHIEDEN

Ehe es abstirbt, soll das Vorwort „go“ bzw. „gon“ noch einmal zu Ehren kommen. Es bedeutet „zu“ und „zum“ und hat gegen diese Allerweltswörter wohl keine Überlebenschance. „Kemts go ins uma oda soima go enk umi?“ Mundartlicher geht's nimmer. Ob es von „gegen“ herkommt? Schon der Andreas Schmeller rätselte daran herum.

Man ging „go da Nachbarin“, „gon Wirt“, „gon Dokda“, „go da Gramarin umi“, „go da Oimarin auffi“, „gon Pfahra aussi“, in einer Sache „bis gon Minisda“.

Was immer man vorhatte: „Heid gehma gon eikaffn“, „Ietz roasma gon bohn (zum Baden), „I ho koa Zeid gon rassian“ (zum Rasieren), „Wissds es an Blods gon parkng?“, „Ned amoi gon essn hoda dawei!“, „D Schwesda is

Heid sans gon Oobba gfahrn

gon dschäsdanzn furt", „Da Franz is gon schifahn auf Neiseeland".

Absicht oder Zweck werden deutlich ausgedrückt: „Es Saubande brauchds oiwei oan gon dablägga (zum Derblekken)." Beim Schreiner: „Kansd (kaansd) an Sog voi Schoaddn grohn (einen Sack voll Hobelspäne entbehren)? De waan grechd gon ookenddn (zum Anheizen). „Ookenddn", von lateinisch „accendere"; aber „oohoazn" paßt auch. Im Stall: „Go wos gheadn dea Hoizkiwi?" „Des is a Seechda gon Kaiwi drengga."

Ein paar Redewendungen überleben vielleicht. „Fahd s Katei wieda gon Oim (Macht sie wieder die Almerin)?" Das Amt des Firmpaten bzw. der Patin mußte oft erbettelt werden: „Biddigaschee, Ged, fiami go firm (fiurm)", also: Ich bitte dich recht schön, Göd, geleite mich zur Firmung. So wos kimb oan schwar oo, awa es is gon damaha! Der kirchliche Brauch des „gon Opfa gee" (hinddan Oidar umi, Manaleid links viari, Weiwaleid rächds viari) wird örtlich als hoffärtig eingeschätzt und durch ein „Kerwe" (Körblein) ersetzt.

Spätestens jetzt weiß jeder, was gemeint ist: „Gej, i gfoijadda, awa i bi no zjung gon heiran (heiradn)!" Oder: „Gfoidda de ned? De waar no gon hom (zu haben). Boisd di umdoast (Wenn du dich bemühst)...".

24

Mia ham scho no oa

Das Zahlwort „oa" steht für „einige" und „welche"

Das nasale „oa" ist zunächst ein Zahlwort: „Oa Dog is scheena wia da ana." Als Zeitangabe ist „oas" 1 Uhr. Iss scho oas? Ietz iss glei viaddl iwa oas.

Adiamoana hod scho oiwei s Glick

Dieses „oa“ kann auch eine Mehrzahlform sein. „Kennsd du oa vo dene?“ Hier bedeutet „oa“ natürlich „irgendwelche“, „einige“. Ein Wißbegieriger: „Wissen Sie an guadn Schwamalbloz?“ „I wissad scho oan (einen), do waxn a jeds Jahr oa (welche).“

A so oan (so einen) weist man stets in die gewünschte Richtung!

Ein Gegensatz von „oa“ ist „koa“ (keine): „Hods heir (heia) koane Keaschn geem?“ „Koa oazige. De bar woss geem hed ham b Veegl (die Vögel) furt.“ – Als Mehrzahlwort is „oa“ (einige, welche) unveränderlich. „Sigsd oa?“ Der Blick in einen Bach läßt immer auf Forellen (Forejn, Foroin) hoffen. „Do ent (drent) schdehd oane.“ Die Einzahlform ist veränderlich (oana, oane, oas). „Do hiebei is noo oane. Ietz hods ins gseng! De dawischma nima!“ „Moasd? Adiamoa beissn oiwä wieda oo.“

„Adiamoa“ ist „vereinzelte“, „manche“ und bekommt

nur in der Einzahl eine Endung. „Adiamoana (adiamoane) hod oiwei s Glick (hat immer Glück)!“ Ohne Endung bei mehreren: „Adiamoa ham oiwei s Glick!“

Das Fragewort „welche,r,s“ wirkt im Dialekt wenig echt. Lieber fragt man mit „wosfaroa“ (was für welche). Auf dem Markt: „HamS koane Weidraubbm (Trauben) nima?“ „Joo, mi(a) ham scho no oa. Wosfaroa woinSn – blaue?“ „Wosfaroa handn (sandn) siassa?“ „Siass hans oi (oisamp)!“

Schließlich dient „oas“ dazu, das unbestimmte Fürwort „man“ auszudrücken. Über einen Vorgesetzten: „Bei den hod oas (auch: oana, oane) nix z lacha!“

25

Hoiz gibds iwaroi an Hoiz draussd

Holzgewinnung im Spiegel des bäuerlichen Dialekts

„Hoiz“ (Holz) bezeichnet auch den Wald. „Gehma as Hoiz aussi?“ Wos aus Hoiz is, des is „hoizan“ (hejzan, huizan, hilzan): a hoizas Glanda, a hoizane Wand (nicht dasselbe wie „Hoiz bei da Wand“). „A hilzas Glachda“ ist ein Schlaginstrument ähnlich dem Xylophon. A bleechas Glachda headma no efda und is aa lusdi.

Die Holzarten sind zahlreich wie die Bäume: a feichdas Daafa (Vertäfelung aus Fichte), a buachas Barkett, a oachane Sein (Säule), a deenana Wassadrog (aus Tannenholz), lärchane Fensdaschdeck.

„Des is a ganz a Hoglbuachana!“ (wie aus Weiß- oder Hainbuche) heißt es von einem, den der Andreas Schmeller mit drei Worten beschreibt: handfest, bengelhaft, grob. (Nicht mehr ganz zeitgemäß zwar.)

Der Zusatz „Baam“ ist bei einigen Holzarten nötig: a keaschbaamane Druch (Truhe), a nussbaamas Kasdl.

„Desmoi nehma (nehmama) zweschbaamane Zauschdempe (Zaunpfähle), de hem lenga (halten länger)!“

Das Baumfällen (s Baamumschnein) geschah mit der „Wiagsog“ (Wiegensäge), die, ebenso wie die Wurscht, zwei Enden hat. Ihren singenden Klang hat jetzt die nicht ganz so melodische „Modorsog“ abgelöst. Das richtige Einhacken (s Ghack – helles a) und Aufkeilen (aufkein) läßt den Baum in die gewünschte Richtung fallen. „Jetz hoda ieda do!“

Nach dem Fall: „S Ausastn (entasten) mach i, na kosd du den an(d)an glei schäpsn (entrinden).“ Dazu braucht man den „Schäpsa“. Um dann die 4 m langen „Sohbaam“ (Sägebäume) zu bewegen, bedarf es des „Sobie“ (aus italienisch „zappa“), einer langstieligen Ziehhacke, mit der sich die Baumstämme anspitzen und wegziehen lassen.

Beim Abtransport aus dem „Hoiz“ besinnt man sich erneut auf das „Roos“. Die Zurufe „wia“ (ziehen), „wissd“ (nach links), „hodd“ (nach rechts), „eh“ bzw. „eha“ (halt) sind dem Wald von früher her vertraut. Und d Roos gween se (gewöhnen sich) schnej wieda dro dad d Arwad (daß die Arbeit) gsund is, ned grod (nicht bloß) da Schbort.

26

Zwee Briada und zwoo Schwesdan

„Zwoa“ heisst nur die sächliche Form

„Kensd du de zwee?“ Das „zwee“ zeigt an, daß es Manaleid oder Buam sind. Früher allgemeiner Sprachgebrauch: zwee so Hundsbuam, de zwee do hans gween, zwee ganz Gwabbede. Es paßt auch bei „männlichen Sachen“: „De zwee Keaschbaam do schlong scho aus!“

De zwoo kensd fasd ned ausanan

Weiblich „zwei“ ist „zwoo“ (nicht zu sprechen wie das moderne „zwoh“). Schwestern: „De zwoo kensd fasd ned ausanan!“ Wann sagt man dann überhaupt „zwoa“? Bei der sächlichen Form (also „das“): „Bein Nachban hams wieda zwoa Roos (Pferde)“, „Ins leidds koane zwoa Auddo.“

Freilich, die genaue Unterscheidung zwee, zwoo, zwoa wäre heutzutage schon ein Kunststück: man hört allgemein „zwoa“, auch von treuen Dialektsprechern.

Nicht wenigen mißfällt das neue „zwoh“ bei Lottoangaben und Telefonnummern. „Red ned scho wieda so breißisch!“

Der Zweier (nicht: die Zwei) verbirgt sich in verschiedenen Wörtern. Der „Zuwa“ (Zuber) ist ein „Zweiträger“, ein

Bottich mit zwei Handhaben, während der „Eima“ (Eimer, Kübel) eigentlich ein „Ein-Träger“ ist, ein Gefäß mit nur einer Handhabe.

Auch im „Zweig“ steckt „zwei“, die Gabelung oder Verzweigung des Astes. Daxnzweig dienten als Schuhabwischer vor der Tür. „Brauhad ma wieda neie Wischdaxn!“

Selbst beim „Zweife“ (Zweifel) hat sich die Zahl „zwei“ eingeschlichen. „Do gibds (gibbs) ga(r) koan Zweife (ned)!“ behaupten wir oft, obwohl wir zwischen zwei Meinungen schwanken. Ja sogar „zwischen“ ist ein Zweierwort (in der Mitte von zweien). „Is do a Unddaschied zwischn ‚zwee‘ und ‚zwoa‘ und wia hoassd des an(d)a no amoi?“ „Scho, awa ‚zwoa‘ hod de an(d)an vodrim (aussibissn).“

27

Do gehd koa oide Sau ned hi!

Unbestimmte Für- und Zahlwörter vertragen Farbe

„Is ebba do?“ (Ist da jemand?) ist der Ruf, wenn sich niemand rührt. Oder auch: „Is neamp do?“ (Ist da niemand?). Im Wen-Fall wird „ebba“ (jemand) zu „ebban“ (jemanden): „I hea ebban“ (ich höre jemanden).

Das unbestimmte „niemand“ drücken wir oft konkreter aus: „Koa Mensch is kema a b Vosammlung!“ „Dea Kas hod koan Menschn (ned) inddressiad!“ Manche sagen es drastischer: „Weasdas seng, do kimd koa oide Sau ned!“ In einer Dolmetscherprüfung erhielt eine Kandidatin einen Extrapunkt, als sie keine Menschenseele mit „koa oide Sau“ übersetzte! Freilich paßte dies gerade in den Zusammenhang.

„Ebban“ bedeutet daneben „etwa“, im Sinne von „gar

schon“, „vielleicht schon“. Neugierig: „Hods ebban scho an Tschamsdara (Gschbusi)?“ Es können beide „ebban“ im selben Satz auftauchen: „Hosd ebban amoi ebban iwaseng?“

Das unbestimmte Zahlwort „einige“ gibt es im Bairischen nicht. „Einige Halbe“ sind „a bar Hoiwe“ oder „a neddla Hoiwe“ (eigentlich: an eddla = ein etliche). Beliebt ist das Aufzählen: „A zwoi a drei Schaiä (Schalal), mehra dringgi ned“, „A drei a via Leid ham do leichd Bloz (Platz)!“, „A fuchzg a sächzg Mark kosd des gwies“.

Bei „a bar (bor)“ wird stets daran erinnert, dass „a bar Weißwürschd“ zwei, drei oder vier Stück sein können, während „a Bar Weißwürschd“ bzw. „zwoa Bar Weißwürschd zu verlangen eine Todsünde ist. Es ist so. Es findet sich auch kaum mehr eine Speisenkarte, die den Fehler begeht. Es wead scho.

Bei den Zahlwörtern „viel/viele“ und „wenig/wenige“ verzichtet der Dialekt auf das Schluß-e. Erfreulich: „Vui (vil, vej) junge Leid leanan heid a Inschdrument.“ Auf dem

Heid han glei a ganze Schar Nachban gon Hoagaschd kema

Dorf: „Des han weni de won ned bei an Verein dabei han." Der Musikmeister: „Neili hama oan gsuachd dea wo an Bombardon blosd, do ham se glei ..." ja wie sagt man am besten „sehr viele"? Vielleicht:"... do ham se glei a ganze Schar (a ganz a Hauffn) gmejdd!"

Es muß auch nicht bei einem blassen „sehr viel" bleiben. „Wos wead na a so a schees Inschdrument kossdn?" „Scho an scheen Batzn Gejd, dadi song!"

28

Friara heds des ned glin

Die Verben „guna" und „lein" neben „voguna" und „dalein"

Das Zeitwort „guna" sollten wir nicht zugunsten von „voguna" (vergönnen) aufgeben. Zum enttäuschten Rivalen: „Gunsd mas ned?" Der Sieger: „I heds a koan gund!" Das „ned guna" wird auch übertrieben. „Dea gund se sejm nix", er ist also ein arg Sparsamer. „Gun a da Katz do aa wos!", wirft man dem freßgierigen Hund vor.

Mit Sympathie hat auch „lein" (leidn) zu tun. „Kosd mi nima lein?" klingt herb enttäuscht. Anders: „I ko di guad lein", was nicht selten zu „I mog di", „I hob di gern" bzw. „I hob di ja so gern" führt, während ein geschluchztes „I liab di" eher im Heimatroman zu finden ist.

Ähnlich wie „guna" und „voguna" sind die Partnerwörter „lein" und „dalein" nicht immer austauschbar. „A so a Hitz daleidi ned!", „I ko a so a Grachmusi ned lein!"

Die Bedeutung pendelt also vom „nicht vertragen" zur Abneigung insgesamt.

Ob's „ebbas leidd", hängt vom Geld, der Zeit oder vom

Verstand ab. „Leidds no a Hoiwe?“, da kann das alles gemeint sein. „Friaras“ (friara) heds des ned glin!“ (hätte man sich das nicht leisten können).

Auch da gibt es Übertreibungen. Als es schon dämmert: „Reibsd ned s Liachd auf?“ „Des leidds ned.“ Selbst beim Petroleum läßt sich sparen. „Reibsd an Zacha ned weida auffa daada bessa brind?“ Der „Zacha“ (dunkles a) ist leider vom „Docht“ (Dachd) verdrängt worden. Reibb (reibd oda drahd) ma an Dachd auffi oda auffa? Etwa in Augenhöhe: „Ietz ruassda (rußt er). Reibm a bissl owa (oha). Ned zweid. A gloas bissl auffa, des daleidds no.“

Ietz leidds no a Hausaufgob. Wia sogad ma auf houchdeitsch:

1. A den Ansaga sei Schdim ko i ned lein.
2. I gundas dasd gwunga hosd.
3. Kints es de Kejddn (Keeltn, Kuiddn) dalein?

29

Biddscheen ned „Landesvadda“

Volksvertreter sind keine Fürsten

Es ist bayerische Art, Großkopferte nicht zu beweihräuchern, sie aber zu respektieren. Derbleckt werden sie immer, schon um ihren Humor und damit ihr Format auf die Probe zu stellen.

Es kann kein bayerischer Journalist gewesen sein, der erstmals einen Ministerpräsidenten in der Bundesrepublik als „Landesvater“ titulierte. So wurden sie alle zu „Landesvätern“, der Barschel, der Lafontaine, der Engholm.

„So ein Schmarrn!“ war die Meinung der Vernünftigen. Fast täglich diese Beweihräucherung in Zeitungen und besonders Zeitschriften lesen zu müssen, grenzte schon an eine Zumutung. Kein Mensch sagte in München „unsa Landesvadda", sondern „da Schdrauß", „da Franz Josef", „da Schdraussä".

Der Dialekt wirkt, wie so oft auch hier, entlarvend. Der Duden, selbsternannter Hüter der deutschen Sprache, machte brav mit: „Landesvater: Fürst eines Landes", „Landesmutter: Fürstin eines Landes". Dabeistehen müßte: Leicht anbiedernde Bezeichnung für die Ministerpräsidenten der Bundesländer.

Es mag ja gut gemeint sein, wie so manche zugezogene Medienleute die bayerische Mentalität sehen und beschreiben, z. B. „barocke Lebensart", „Kini-Sehnsucht", aber vieles ist halt einfach „a Kaas" (ein Käse). Und so wird der gegenwärtige Ministerpräsident des Freistaats Bayern weiterhin „da Stoiber", „da Edmund Stoiber" oder auch „da Stoiber Edmund" sein.

Der Weihrauch ist etwas Wunderbares. Er gehört jedoch in die Kirche.

30

Pfiadde, Tschüss! Mia song liawa Servus

Auch „Ciao" passt in die Landschaft
(von Armin Höfer)

Im Zeitschriftenladen einer oberbayerischen Stadt: „Auffi gehds", sagt die Mutter zu ihren Sprösslingen, und zur Verkäuferin: *„Tschüüüß!"* Der nächste Kunde überlegt sich spaßeshalber: „Wo miassn de Kindl do ietz auffi geh? Wei, do gehds ja ninggaschd wo auffi!"

So erklärt er der offenkundig zuagroasdn Dame freundlich den Unterschied zwischen: „Auf gehds!" im Sinne von: „Bagg mas wieda!" und: „Do gehds fei gaach auffi!" Und freut sich, daß sie den Versuch macht, sich sprachlich anzupassen.

Für die Verwendung der Abschiedsformel *„Tschüss"* kann man der jungen Frau aus dem Norden keinen Vorwurf machen: Allzu viele gschdandne Bayerinnen und Bayern der jüngeren Generation verwenden es nämlich mittlerweile, die meisten im irrigen Glauben, es sei eine urbairische Floskel. Dabei ist Tschüß für viele sprachbewußte Bayern ein Unwort, weil es sich nicht besonders schön anhört und überhaupt nichts Bairisches an sich hat!

Aber was darf man den Tschüß-Sprechern als Alternative empfehlen? Noch vor nicht langer Zeit gab's in Altbayern eine Vielfalt an Abschiedsformeln. In München hörte man in bürgerlichen Kreisen oft das französische *„Adieu!"*. Kleine Kinder wurden von Erwachsenen mit *„Deedee!"* verabschiedet.

Nach wie vor vernimmt man im Land dic schönen Formeln *„Pfiagott"*, *„Pfiagood"*, *„Pfiat Eana Gott"* und *„Pfiadd Eana Good"*, wenn man sich siezt, außerdem *„Pfiaddi"* bzw. *„Pfiadde"* und *„Pfiaddi Gott"* bzw. *„Pfiaddi Good!"*, wenn man sich duzt.

Sollen gleich mehrere Personen angesprochen werden, ist ein freundliches *„Pfiaddeich"* oder *„Pfiaddeichgood"* zu empfehlen, an dem sich die Grundbedeutung des Grußes erkennen läßt: „Behüt euch Gott". Schade, dass es bei Funk und Fernsehen kaum mehr Menschen gibt, die ein *„Pfiagott"* zustande bringen! Vielleicht sollte man den Medienleuten das respektvoll-freundliche *„Hawedehre"* (habe die Ehre) nahelegen.

Was immer passen wird, sind Formeln wie *„(Auf) Wiedasehn"* (münchnerisch) und, häufiger, da gesamtbairisch,

„(Auf) Wiedaschaun!“. Respekt vor unseren Schweizer Nachbarn mit ihrem *„Auf Wiederluaga!“* und vor den Schwaben und Franken mit ihrem freundlichen *„Adee“*. Gerne hört man auch ein bairisch-österreichisches *„Servus“*, nicht zuletzt, weil sich der Sprecher hier als „Diener“ des Angesprochenen zu erkennen gibt. Das noch freundlichere *„Servus, machs guad!“* wird stets Wohlwollen beim Angesprochenen hervorrufen. Zur bayerischen Landschaft paßt auch das seit einiger Zeit aus dem Süden importierte „Ciao“.

Ob sich die Tschüßler wohl umstellen mögen?

Redewendungen

Des koo ma so und so vaschdeh

31

Do waars oiwei a so!

Bewährte Redensarten, die den richtigen Ton treffen

„Na scho!“ sagen wir, wenn’s gar nicht so schlimm ist wie wir dachten (wiama gmoad ham). Das neue Auto: „I ho(b) scho no an Dausnda owaghandld, braugsd ned moan!“ „Na scho!“

„Do is nix dabei!“ soll Mut machen, eine etwaige Angst verscheuchen. Im Schwimmbad: „Schbring no owa. De fimf Medda, do is do nix dabei!“ „Zeaschd schbringsd du!“ ist das mindeste, was man verlangen kann. Beim Volkstanz: „Gehts weida und deadds (doadds) mid. De bar Figurn, des kints glei. Do is do ned vil (vuj, vej) dabei!“

Do is nix dabei, dea hod no koa Schmoiz!

„Do waars (waas) oiwei a so!“ hat etwas Bestimmendes, läßt keine Ausnahme zu. Vor dem Essen: „Habds (habbs) scho bädt (gebetet)?“ „Mia ham glei oogfangd (oogfangg) weiss /weil es) bressiad damma /dasma) an Bus dawischn.“ „Naa naa, nixdo, do waas oiwei a so. Burgl, bädd!“

An der Kasse: „GehnS hea, Herr, Sie ham ja nix es (ois) wia an Schdamizl voi Weidraum (eine Stranitze/Tüte voll Trauben). Do deaffnS scho viara (viura, nach vorn)!“ Gut gemeint, kein Widerspruch von den wartenden Hausfrauen. Aber der Herr: „Nixdo, do waars oiwei a so!“ Ein nobles Verhalten, ein nobles Bairisch.

Mit „A wo!“, „A wohea!“ oder „A wohea denn!“ stellt man Falsches oder Angezweifeltes richtig. Ein Gerücht: „D

Leid song dea mächd auf Holland auffiziang." „A wohea denn! Dea hod hoid amoi a Gschbusi ghabd (ghabb) do am." „Na scho!" mag jemand erleichtert feststellen.

„Des sej scho!" bestätigt etwas zum Teil und zieht häufig ein „aber" nach sich. „Oiss koma ned hom und du braugsd iwahaps ned jaman." „Des sej scho, awa dad dea (daß der) mehra griagd (griagg) is ned richdi." Tröstend: „Ja mei, do waas oiwei a so. Es kos koas a jedn rechd macha (Niemand kann es jedem rechtmachen)!"

32

I glaab des Wort Eiro brauch ma ned

Einleitungen für Meinungsäußerungen

Unsere Meinung geben wir gern mit „i glaab", „i moan", „i sog", „mia kimd fia" (mir scheint) wieder. Oder etwas indirekter: „i glaawad", „i moanad", „i sogad", „mia kaam fia" oder „mia kaamad fia". Viele Stellungnahmen am Stammtisch beginnen mit solchen Redewendungen.

Da Gschwendtner: „I glaab ned dasma den Eiro brauchan." Da Rinkl: „I moa mia hen gfrogd ghead." Da Kipf: „Des kaam ma aa fia. Awa i glaab mia reen umasisd. Ietz iss zschbaad!"

Die zweite Halbe belebt das leidige Thema erneut. Da Kipf, der viel nachsinnt: „I moanad mia kuntn do insa Mark ghoin (behalten). Na hoassmas hoid Eiro-Mark. Des waar, glaawad i, a de andan aa liawa. Eiro-Schilling, Eiro-Lira, Eiro-Franc und woss sisd no gibd. D Hauptsach, a jedn Land sei Gejd is gleich vui wert."

Also – wenn schon ein neues Geld, dann wenigstens

„D Mannaleid reen oiwei rächd gscheid dahea, awa hejffn weads nix!“

überall mit dem herkömmlichen Namen. Da Rinkl Sepp, grollend: „Mia kimd fia, dasi mi a des blede Wort Eiro nia gween wea. Und a des däbbade Cent scho glei gar ned. Weama ietz hoiwade Amerikana?“

Gespannt wartet man auf die Meinung des Wirts: „I sog aso: Boid bei mia a Holländа sein Schweinsbrohn mid seine nein (neuen) Guidn zoid, na frogi nix danoch. De Bank varechnad ma den sei Gejd in Mark und i hob koan Schohn (Schaden).“

Alle sind erleichtert. „Wen de Bankn und d Exportleid unbedingd an nein Nam brauchan, na is des dene eana Bia“, räumt der gutmütige Gschwendtner ein. Da Kainz meldet sich zu Wort: „Oiss richdns zgrund, da Bangemann und de ganzn Brissla Kepf. Centl – dasi ned lach! Pfenin, Fimfal, Zehnal, Fuchzgal, des bassd aa fia des neie Gejd. Soins hoid an Pfenin genauso grous macha wia an Groschn und an Centesimo, na schdimds aa mid de Auddomaddn."

Die nationalen Namen fürs Geld auszumerzen ist brutaler Zentralismus, das ist die Stammtisch-Meinung. Der vorsichtige Rinkl: „Aufbassn miass ma zamtden. De E-Mark is nemli an Zwickl wert. Ned dass ins richdi..."

Jetzt rührt sich wieder der Kipf, dem Seherisches nachgesagt wird: „Kunt ja sei, dass z Iddalien amoi song, mia deaffn ruai (ruhig) mid E-Mark zoin, des waar eana sogar liawa!" Aha!

Inzwischen hat der Rinkl die anderen um zwei Halbe überholt. „I moa heid hamas eana amoi gsogd, a de Brissla Kepf und wiass iwaroi hoassn!"

33

Dea hod dro glaam miassn

Gleiches Wort, mehrfacher Wortsinn

Das gleiche Wort, aber mit verschiedener Bedeutung: wohl notwendig, denn es gibt sicher mehr Bedeutungen als Wörter. „Iss eiganga (undichtes Dach)?" Vielleicht noch schlimmer: „Gej ietz bisd richdi eiganga (mit deiner Spekulation)!"

An solchen Doppel- oder gar Mehrfachdeutungen herrscht kein Mangel. Oft ist es anders als im Hochdeutschen. Aus der Zeitung: „De zwee Reiwa (Räuber) hams ohgschom (abgeschoben)." Zum Trauerfall: „Ietz isa ohgschom (verstorben), ganz schdaad und schnej."

Eine Bedeutung kann eingeschränkt sein, etwa für die Landwirtschaft: „Mia lassn no ned aus (die Kühe noch nicht

„Ma deaf ned auslassn", song de viere do

auf die Weide)." Der Trainer in der Halbzeit: „Doats (deats) fei ietz ned auslassn, i sogs engg (eich)!" Das Wort sagt man gern als Ermutigung zu Alten oder Kranken. „Und ned auslassn, gej!" „Naa, nia!"

Dialektkenner schätzen das Tätigkeitswort „grohn" (geraten, gedeihen). Im Garten: „Oiss is guad grohn heia!" Ein gelungenes Werk: „Des is da guad grohn, des muas ma song!" Eine weitere Bedeutung: „Kosd die Kamera amoi a Woch grohn (entbehren)? I brauchads a mein (in meinem) Urlaub." Die Wendung „ned grohn kina" hört man häufig bei einer Untugend: „I ko des Gratzn ned grohn, I woass scho!"

„Bschdee" hat nicht nur den Wortsinn „bestehen" des Hochdeutschen: „I bschdeh auf mein Rechd!" Man verwendet es für „beliebt sein": „Da Quirin bschdehd rächd bei seina Oma, weil as (weil er sie) iwaroihi midnimd!" Ein gutes Urteil über jede Lehrerin: „De bschdehd bei seine (ihre) Kinda, weiss (weil sie) koane Herzebobbal hod!"

Nicht zu vergessen: „zamreissn“. Zum Ängstlichen: „Reis di hoid zam, Angsdhos!“ Nicht erfreulich: „Hosd an Haringer Franz gseng?“ „Mei, den hods ganz schee zamgrissn.“ „Awa dea damachds no lang!“

Sogar bei „denken“ ist das Dialektwort inhaltsreicher: „Denksd du no d Währungsreform?“ „Wos far oane, de vo 1948 oda vo 1923?“ „Eha! Auf des bisd awa no guad beinand!“ „Moasd scho?“

Manchmal wollen uns die Umstände zwingen, an etwas zu glauben. Auch „dro glaam“ ist zweischichtig. Ein Euro-Skeptiker: „Ietz wead oiss bessa, songs, awa i glaab do ned rächd dro!“ Und der Jennerwein? Dea hod dro glaam miassn, an 6. Novemba 1877, an Peissnberg am (om).

Südhochdeutsch

So soiddma bei ins houchdeidsch reen

34

Süddeutsch im Fernsehen

NEUARTIGES SYSTEM MIT UNTERTITELN HILFT ZUSCHAUERN

Endlich. Der BR startet am 1. 4. sein Spracheinschub-System (SES). Sobald ein Ansager ein ungrammatisches Norddeutsch verwendet, erscheint als Untertitel das korrekte Süddeutsch.

Erst kürzlich fragte eine Quiz-Dame eine Gewinnerin: „Wo sind Sie gerade bei?“ Die Angesprochene war verwirrt und konnte nicht antworten. Erwartet wurde „beim Kochen“ oder ähnliches. Da hätte der Spracheinblender geholfen, etwa mit „Was machen Sie gerade?“

Hunderte Falschformen sind so blitzschnell korrigierbar. Bei Diskussionen: „Da versteh ich nichts von“, „Ich hab da nie Ärger mit“, „Da könnte man viel zu sagen“, „Ich fühl mich nicht in der Lage zu“, „Da kriegt man keine Gefühle bei“, „Da steckt noch jemand hinter“.

Komplizierter gestaltet sich das Auswechseln ganzer Ausdrücke wie „Jetzt ist das Ende der Fahnenstange erreicht“ durch „Jetzt geht nichts mehr“ oder „Halt die Ohren steif!“ durch „Ja nicht auslassen!“ „Der hat wohl 'ne Meise“ wird sofort mit „Der ist nicht bei Trost“ bzw. „Der spinnt doch“ verdeutlicht.

An der Liste von ungewohnten Einzelwörtern wird ständig gearbeitet. Es ist nicht leicht, stets eine angemessene Entsprechung einzublenden, weil SES die Sprecher immer häufiger dazu verleitet, ungebremst norddeutsch zu reden. Im Programm sind „Miesepeter“ (Grantler), „Knöllchen“ (Strafzettel, Wisch), „Knast“ (Bau, Gefängnis), „Zensuren“ (Noten), „proppenvoll“ (gesteckt voll), „Göre“ (Fratz), „ab und an“ (ab und zu), „zoffen“ (streiten), „außen vor“ (draußen, unberücksichtigt) und weitere.

Noch überlegt wird bei einigen weiteren Ausdrücken: Manche finden „Frühchen“ ganz lustig statt „Frühgeburt“, ebenso „Wonneproppen“ für ein kleines Kind. Hingegen soll „Aschenputtel“ als „Aschenbrödel“ wiedergegeben werden. „Ho-ruck“ ist das Kommando beim Maibaumsetzen, nicht „Hau-ruck“.

Die zugereisten BRler reagieren unterschiedlich auf die Neuerung: „Ich hab da nichts gegen.“ Aber auch: „Es muß doch nicht alles bayerisch gefärbt klingen. Da gibt's eigene Sendungen für!“

35

Heid iss greisli, greisliga wia gesdan

Unser Hochdeutsch wollen wir nicht verschandelt hören und lesen müssen

Sprachliche Sünden, auch die läßlichen, gehören für die Osterbeicht beizeiten notiert. Vielleicht hat man sich ihrer dann bis dorthin bereits entledigt.

Ganz oben steht der BR, der nicht mehr weiß, heißt es Kina oder Schina. Bitte beim ORF horchen, die wissen es. Wäre da nicht einmal ein „schärferes“ Wort angebracht, Herr Intendant?

Von der Donau bis zur Etsch sagt man „sonnig“, nicht „sonnich“. Warum nicht auch in Freimann? Die Wetterredaktion braucht das geschriebene „wolkig“, „nebelig“, „windig“, „föhnig“ ja bloß richtig abzulesen, ohne das Gezische!

Es freut einen, wenn die Temperaturen steigen, aber leider wird das Ohr ab „zwanzich Grad“ oder gar „zvanzich Grat“ erneut drangsaliert. Hört man's beim Wetter einmal richtig, wird man bei den Lottozahlen garantiert wieder nördlich eingestimmt: einundzwanzich, dreiunddreißich...

Im Dialekt ist es einfacher. Da entfällt auch noch das „g“ bzw. „ch“: windi, greisli, scheisli. Bei einer weiteren Endung erscheint das „g“ wieder, auch bei den -ich-Wörtern. Verachtend: „Du bisd ma z windi. Mid so an windign Birschal gibi mi ned o.“ Der Pessimist: „Heid iss greisli, glei no greisliga ois wia gesdan!“ Aber auch ein Lob ist fällig. Der BR ist praktisch tschüss-frei geworden, wer hätte das gedacht! Anders als viele der Privatsender.

Leider verkrebst das ausländische Plural-s immer mehr

Windi iss aa, greisliga kunts nima sei!

unsere Sprache. Zumindest bei den Namen auf -er ist das Fremd-s entbehrlich. Wozu „die Grandauers“? „Buddenbrooks“ ja, das ist Lübeck, aber „die Schmidbauers“ aus Ober- oder Niederbayern? Frei vom s-Virus sind gottseidank die bodenständigen Vereine: de Brünnstoana, de Grenzlandler, d Neuburgler, d Watzmanner, d Isentaler.

Es ist natürlich der Umgang mit Niederdeutschen, der die bei uns unpassenden „nich“ und „ne“ und „kuckmal“ auslöst. Ein „wo's lang geht“ erwartet man nicht von einem (ehemaligen) Bundespräsidenten, der aus der niederbayerischen Hauptstadt stammt und sonst vorbildlich hochdeutsch redet.

Das heißt nicht, daß wir uns äußeren Einflüssen verschließen. „Schumin“ („schummeln) für „schwindeln, unfair handeln“ ist inzwischen, soweit humorvoll gemeint, akzeptiert, auch das dazugehörende Hauptwort. Erst unlängst rief ein Münchner in der Maximilianstraße einem Verkehrsbehinderer zu: „Du gscheada Schumi du gscheada!“

36

Norddeitsch gredt Böse Zung behaupten dies sei Quatsch

Eine Handvoll erster Lernhilfen

In dieser Zeit der sprachlichen Übernahme des Südens durch den Norden wird es für Einheimische unentbehrlich, möglichst rasch norddeutsch zu lernen. Nicht alle haben die Möglichkeit, mit zugewanderten Nachbarn oder am Arbeitsplatz ständig norddeutsch zu üben. Daher (nur zum 1. April) dieser kleine Erste-Hilfe-Kurs Norddeutsch.

Via kenn uns schon gut, nich wa?

Zunächst: Sprachlichen Ballast abwerfen! Kein „nicht“ mehr, sondern das kürzere „nich“, „War besser, nich?“, Liebst du mich nich?“ Wählen Sie in den Medien Vorbilder. Rita Süßmuth: „Zuwarten hilft uns nich!“

Kupieren Sie den unbestimmten Artikel: „ne“ statt „eine“ und „nen“ statt „einen“. Wieder sparen Sie Zeit: „Ich weiß ne Lösung“, „Haben Sie nen (noch kürzer: n) Plan?“, „Noch ne Tasse und noch nen (n) Kuchen, bitte!“ Gute Mediensprecher helfen. Prägen Sie sich moderne Wendungen ein: „Ich zeig dir, was ne Harke (ein Rechen) ist.“

Verzichten Sie auf das langwierige „-en“ nach nasalen Mitlauten (n, m, ng): „Wir kenn uns doch! Vorher Gelerntes immer wieder verwenden: „Ne solche Idee ist mir nich gekomm“, „Stamm Ihre Eltern nich aus Böhm?“, „Herzlich willkomm!“, sagen alle Entertainer beim Treppenschweben. Vorbilder gibt es auf allen Kanälen: „Böse Zung behaupten, dies sei Quatsch!“ (Karl Dall).

Ein Prüfstein ist das südliche „k“ in Wörtern wie „Chemie“. Sagen Sie ab diesem Monatsbeginn „Schemie“, ebenso „Schina“, „Schirurg“. Und weil Sie schon dabei sind, kommt es auf „Schianti“ (statt Chianti“) und „Schile“ (statt Chile“) auch nicht mehr an! Dem „Chiemsee“ wurden ein paar Jahre Schonfrist eingeräumt, bis sich alle Chiemgauer an „Schiemsee“ gewöhnt haben.

Wichtig: Jedes „das“ ist wie „dass“ und jedes „was“ wie „wass“ zu sprechen. Somit: „Dass paßt mir nich!“ „Ich weiß dass besser!“, „Wass meint ihr – gehn wir zusamm schwimm (besser: schwümm)?“ „Mir gefällt dass Kleid, dass du trägst“.

Eine kleine Hausaufgabe? Lesen Sie, ohne sich zu verhaspeln, und immer schneller: „Wir könn anfang!“ (Kurt Biedenkopf), „Es ist schwer, eine Lösung zu finn!“ (Fritz Pleitgen), „Es hätte besser komm könn!“ (Björn Engholm).

37

Rechd hams – oder nich?

ENDSILBENVERFALL IM NORDDEUTSCHEN SLANG

Achtung vor unserer Mundart genügt nicht. Auch unsere Hochsprache verlangt Respekt. Das Deutsch der Zuwanderer dürfen wir nicht gedankenlos übernehmen, denn es ist nicht unser Hochdeutsch.

Das nicht selten schnellere Sprechen ist einfach zu erklären. Man kupiert Wörter, wirft Endungen ab. Die Folge: Tempo: „Herzlich willkomm!“, sagen die TV-Unterhalter. In den Nachrichten hören wir von den Vereinten Nation, von gescheiterten Verhandlung, von wirtschaftlicher Zusammarbeit, von Maßnahm des Innministers. Ein früherer Trainer des FC Bayern meinte des öfteren: „Wir hätten gewinn könn.“

Mit solchen Wortstümpfen läßt sich der Redefluß enorm beschleunigen. Das Verneinungswort „nicht“ hält nur auf, also reicht ein „nich“. „Noch nich“ sagen nicht nur zugewanderte Münchner, denn es klingt „in“. Und wozu „eine Frage,“ wenn „ne Frage“ auch genügt.

Die Sprache müsse sich doch weiterentwickeln, jede lebende Sprache verändere sich. Richtig, bloß: Solche Veränderungen von auswärts brauchen wir nicht; sie nakkeln am System unserer südhochdeutschen Sprache, sie gefährden ihren Charakter.

Sagen Sie etwa selber schon „ne Antwort“, „nen Vorschlag“? Sind Sie bereits von dem „nich“ infiziert? Wenn ja – Sie könnten nicht einen Versuch zur Rückkehr machen? Nebenbei: Es gibt mehr und mehr Zuwanderer, denen der Anpassungstrieb der Einheimischen mißfällt. Sie beschweren sich bereits, daß sie im Laden „Brötchen“ bekommen statt der erhofften Semmeln. „In Bayern möchten wir doch

Knödel und Blaukraut auf der Speisenkarte sehen, nicht „Klöße“ und „Rotkohl“!

Rechd hams, oder nich?

38

Schreibd ma ietz Maß oda Mass?

NEUE RECHTSCHREIBREGEL PASST NICHT FÜR SÜDHOCHDEUTSCH

Die Maß hat ein kurzes a, ist also nach den neuen Regeln „Mass“ zu schreiben (wie Kuß zu Kuss, Biß zu Biss, Faß zu Fass). „Was kostet die Mass?“ Diese Schreibweise hilft den Zuwanderern und nicht wenigen Unserigen, dieses bayerischste Schlüsselwort richtig auszusprechen und von der „Maas“ (Flußname) wegzukommen.

Aber obacht! Das dürfen wir ja gar nicht! Der Duden schreibt vor, die „Maß“ habe ein langes a zu haben. Folglich unterbleibt der Rutscher von Maß zu Mass. Schade, und es heißt üben, Herr Festwirt von dem einen -ATOR, damit es neben dem perfekten Latein auch ganz münchnerisch klingt, biddscheen!

Im lautgerecht geschriebenen Bairisch wird es deutlich: „Wos kosdn d Mass (dunkles a)?“ Auch zu hören: „I dringg no a Massl (helles a).“ Gleichlautend: „Do hamS a Massl, oa Mass gehd grod no aussa von (vom) Fassl (helles a).“

Viel diskutiert (einst: vieldiskutiert) zur Zeit die Schreibung des Wortes „Breiß“. Da es seit Friedensbeginn kein(e) Preußen mehr gibt, wohl aber Breißn, hat sich die Schriftform „Breiß“ eingebürgert, mit dem milderen „b“. Im Dialekt ist beides willkommen, „Breiß“ und „Breiss“. Nicht selten äußert einer: „Oft samma de Breissn glei liawa!“ Im Wirtsgarten: „Freilein, dea Breiss do hint mächd no a Mass. Dea draud se nix zsong.“

„Oa Mass gehd no, oda?“

Die Zusammen- und Getrenntschreibung (s Zam- und Ausananschreim) führt im Dialekt zu keinen Problemen. „Wir müssen zusammenarbeiten" ist etwas anderes als „zusammen arbeiten". Im Dialekt: „Mia miassma zamarwa(d)n"; jedoch: „Mia miassma middanan arwadn." Mit „zam" geht beim zweiten Satz nichts. Ein Eurospinner: „Zusammen erreichen wir das Ziel schon!" Das hieße, wollte man es: „Middanan bringma des scho zam (dabaggma, schaffma des scho)."

Nach dem Duden ist jedes „das" wie „dass" zu sprechen, jedes „was" wie „wass", jedes „bis" wie „biss". Also spricht man Bissmarck. In der Schreibung zeigte sich das nicht. Bei der neuen Schreibung „muss" erwischt es uns aber heftig. Das entsprechend der oberdeutschen Lautentwicklung lange u hat jetzt kurz zu sein, wie in Kuss, Bussl. Bisher reimten wir „muß" mit „Fuß", „Gruß", genauso wie im Dialekt: muas, Fuas, Gruas. Wenigstens bleibt's da beim alten (neuerdings: beim Alten. Welchem?). Oiso na an scheen Gruas vom linkn Fuas!

39

Wos wedd ma?

Manches ist nicht Bayern-Deutsch

Wer sich fortwährend von den Medien überfluten läßt, braucht einen festen Standpunkt in seiner Sprache. Es werden uns Redensarten vorgesetzt, die weder in unserer Mundart noch in unserer Hochsprache heimisch sind. So etwas wie „Wetten daß?" heißt bei uns „Was wetten wir?" oder „Wetten wir?", genauso im Dialekt: „Wos wedd ma?", „Wedd ma?"

Bei „Nase vorn" mußten viele erst nach dem Sinn fragen,

denn „Nase hinten“ wäre ungewöhnlich. Man kann auch Zweifel haben, ob „Mich laust der Affe“ ein gefälliger Titel ist für etwas, das aus der bayerischen Hauptstadt kommt. „Zoff“ hieß eine Sendung, und wieder mußte man das Wörterbuch konsultieren.

Natürlich fühlen wir uns geehrt, daß die Kölner „Lindenstraße“ unter den leuchtenden Frauentürmen gedeiht und die so schön münchnerisch redende Hausbewohnerschaft immer noch nicht an den Rhein gezogen ist! Wo sie doch ihre Trambahn so freistaatlich angestrichen haben.

Wir erwarten nicht, daß die Serien in unserer Mundart und nicht einmal südhochdeutsch geschrieben werden, aber ein Falschdeutsch sollte es nicht sein. Beispiel: „Toll hier, da kann man öfter hingehen!“ Es muß erstens „her“ heißen statt „hin“ und wir sagen hier lieber „kommen“.

Wir sind leidensfähig, aber es tut uns arg weh, wenn Menschen den Berg „hoch laufen“, „mit jemandem“ schimpfen, wenn etwas keinen Sinn „macht“, sich etwas

Do wead no a echde Voiksmusi gschbild (gschbuid, gschbejd)

nicht „rechnet". Es ist nicht unser Deutsch. Das gilt ebenso für die Grammatik. Das Wörtchen „was" für „das" mag flottes Norddeutsch sein: „Ein Problem, was wir übernommen haben" (Walter Momper), „Das erste Buch, was ich geschrieben habe" (Joachim Bürger), „Ein Problem, was uns beschäftigen wird" (Sabine Christiansen), „Das wenige Papier, was wir hatten" (Rudolf Augstein). So flott mögen wir's nicht.

Sogar die Wortwilderei blüht. Die Volksmusik muß sich mit Zusätzen wie „echt", „wahr", „richtig" verteidigen, weil sich die unechte einfach nicht „Schmalzmusik", „Schunkelmusik" oder „Stadlmusik" nennen will! Oda ganz andaschd. Awa schdejn (stehlen) deaf ma ned.

Der Sprachgrantler

Neben seiner kreativen Tätigkeit als Autor von Texten zur bairischen Sprache griff Johann Höfer gelegentlich zur Feder, um Kritik an der in den Medien verwendeten Variante des Hochdeutschen zu üben. Er überschrieb diese Beiträge mit dem Titel „Der Sprachgrantler".

Mit dem Begriff „Grantler" wird im Bairischen eine Person bezeichnet, die sich in halb vorwurfsvoller, halb ironischer, aber zumeist konstruktiver Weise über einen Sachverhalt kritische Gedanken macht.

Manche Beiträge des „Sprachgrantlers" stehen in der Form des Dialogs.

Diese kurzen Folgen, die für eine weitere Zeitungskolumne Johann Höfers geplant waren, werden hier erstmals veröffentlicht.

„Bullen"

– *Gibt es ein neues Unwort der Woche?*

– <u>Bulle</u> für den Stier und <u>Bulle</u> für den Polizisten. Gegen den broadschedladn sympathischen englischen Bulldog haben wir ja nichts. In unserer ländlichen Mundart ist der Bulldog sogar zum Traktor geworden. Aber das niederdeutsche Wort „Bulle" brauchen wir bei uns nicht, nicht für den Stier und schon gar nicht für einen Ordnungshüter.

– *Bleiben wir erst beim Tier.*

– „Stier", das ist doch ein gutes hochdeutsches Wort. „Bulle" ist ein Provinzausdruck aus dem Norden. Aber es wird besser. Man liest in den Marktberichten bereits wieder von Stierkälbern, Jungstieren, Stieraufzucht; es tut sich etwas!

– *Und Sie möchten, daß auch die Polizei vom „Bullen" befreit wird.*
– Das wird schwer. Die Krimiserien hämmern den Begriff „Bulle" schon den Kindern ein. Immer dieses depperte „Achtung! Die Bullen kommen" oder „Ich weiß, du bist ein Bulle". So ein Drehbuchschreiber könnte uns enorm helfen. Er könnte doch in den Text hineinschreiben: „Ja, ich bin von der Polizei oder Kripo. Und wenn Sie nochmal „Bulle" sagen, hau ich Ihnen ganz privat eine in die Fresse." Ich hab noch nie so etwas vernommen. Traurig genug.
– *Das wäre in der Tat eine neue Idee!*
– Es gibt Bezeichnungen wie Polente, Schandi, die den Berufsstand der Ordnungshüter nicht beleidigen. Die Sprache erfindet sowieso immer die Ausdrücke, die man braucht. Das geht aber nicht, wenn so ein scheußliches Wort fest verankert ist.
– *Also weg mit dem Bullen als Tier und als Mensch?*
– Unbedingt! Schluß mit der Bullenseuche!

Ein Zimmer mit Duusche

Er/sie/es duscht, letzteres ein Platzregen, folgt einem neu eingeschleppten Lautgesetz. Das „u" wird lang hingezogen: duuschen, unter der Duusche. Wer das nicht mag, hält sich bei der Werbung die Ohren zu und geht nötigenfalls unter die Brause.

Der Trend zum „uu" beginnt lautähnliche Wörter zu infizieren: Tuusche, tuuscheln, kuuscheln, Muuschel, huusch huusch!

Kapelle, einen kräftigen Tuusch auf die nächste Schreibreform!

Die Gämse ist eine Gams

Das Wort „Gams“ ist sowohl Dialekt wie auch gutes Hochdeutsch. Der Gamsbock ist kein Gemsbock oder Gemsebock und der Gamsbart ist kein Gemsbart oder Gemsebart. Jedenfalls nicht bei uns, wo es Gamswild gibt.

Folglich ist es müßig, eine Schreibung „Gämse“ zu erlernen, zumal „Gams“ auch im Plural verwendet wird: „Drei Gams stehen in der Wand.“ Nichtbayern wird natürlich niemand von „drei Gemsen“ abbringen können und wollen.

Die Jemseneier bzw. jetzt Jämseneier wird man den Gästen aus Berlin allerdings weiterhin nicht vorenthalten.

Im übrigen spricht man hierzulande „Gemse“ anders aus als „Gämse“. Steht uns auch eine Aussprache-Reform ins Haus?

Inne werden

Gar manche haben diesen Ausdruck noch in ihrem Mundartrepertoire. Er paßt ebenso für die Hochsprache. „Wußten Sie das schon?“ „Ja, ich bin/habe es gestern inne geworden.“ Im Sinne von „erfahren“.

Wir sollten bei dieser mit dem Dialekt übereinstimmenden Bedeutung bleiben und uns nicht vom Duden irr machen lassen, der „innewerden“ als „sich bewußt werden“, „begreifen“ definiert. Da ist die Mundart sicher eine bessere Quelle!

„Knöllchen“

_ *Gibt es ein neues Unwort der Woche?*
_ Knöllchen für den Strafzettel unter dem Scheibenwischer.
– *Knöllchen das klingt doch niedlich!*
– Das Wort mag im Norddeutschen recht putzig klingen.

Bei uns kommt da keine Zuneigung auf, schon wegen der Endung „-chen".

– *Wieso dassdenn?*
– Wir verkleinern und verniedlichen mit der Endung „-lein": Büblein, Büchlein, Häuflein. In der Umgangssprache mit „-erl" oder „-al": Büberl, Maderl, Häuferl.
– *Aber Sie akzeptieren doch solche Wörter wie Mädchen, Kleidchen, Spielchen.*
-- Natürlich. Mußten wir. Aber es muß doch nicht ewig so weitergehen: Schnäppchen, Bierchen, Frühchen. Immer dieses unbairische „-chen". Wir erkennen bald unsere eigene Sprache nicht mehr vor lauter -chen, -chen, -chen.
– *Ist es so schlimm?*
– Es ist nicht unsere Sprache. Die wird uns immer fremder. Vom Dialekt gar nicht zu reden. Stellen Sie sich vor, wir würden sagen: „Iatz is scho wieda a Knöllchen unddan Wischa!" Undenkbar.
– *Wie wär's denn mit „Knöllerl" oder so ähnlich?*
– Wir denken da an keine Knolle oder was Zusammengeknülltes. Bei uns is des a Strafzettl, oder einfach a Zeedl oder a Wisch. Do brauchma koa Zärtlichkeit.
– *Also keine Chance für das Knöllchen?*
– Absolut keine.

Bayerische Hauptstadt

Niemand traut sich. München ist eine „Landeshauptstadt". Schon gut, aber Kiel, Saarbrücken, Wiesbaden, Bregenz und St. Pölten sind auch Landeshauptstädte. Verdient München nicht mehr?

Wenn Bayern ein über zwölfhundertjähriger Staat ist und schon ein Königreich war, hat dann dieses Bayern kein Ver-

Die Bayerische Hauptstadt

langen, München als die bayerische Hauptstadt zu bezeichnen?

Da haben die Sachsen mehr Schneid. Für sie ist Dresden die sächsische Hauptstadt. Schließlich leben sie in einem Freistaat.

Dem schüchternen Freistaat Bayern wird man im europäischen Dorf höchstens eine bescheidene Reihenhauswohnung zuweisen.

Hühnchen oder Hendl?

Die uralte Frage. Was war zuerst da – die Henne oder das Ei? Reden wir zunächst vom Ei, in der Mundart: Oar, gebietsweise Oa. Beim Dotter erleben wir eine Überraschung, wenn wir in den Duden schauen. Dort lesen wir: Der Dotter, aber auch: das Dotter.

„Das Dotter ist schön gelb"? Nein, das bringen wir nicht über die Lippen. Das Eiklar, das Eigelb, ja, aber nicht das Dotter.

Daß der Hahn ebenso männlich ist wie der Gockel, darüber sind sich die Wörterbücher mit uns einig. Auch der Goggerl, der junge Gockel, sollte nicht vergessen werden. Ein Springginggerl ist ein Luftikus, ein unsteter Bursche. Aber jetzt gibt es noch ein Problem. So lesen wir: der Gokkel, die Henne. Aber sächlichen Geschlechts: das Huhn mit dem kleinen Hühnchen. Halt: Das Küken oder Kücken ist das Biberl oder das Herl, Headei.

Gebacken, gegrillt, gesotten bekommen wir das Hendl, das Backhendl, das Grillhendl, das Suppenhendl oder Suppenhuhn. Zwei halbe Hendl, sagen wir erwartungsvoll.

Das Wort Hühnchen ist eine unnötige Belastung unserer Sprache. Hendl genügt. Viele Wörter auf „-chen" sind überflüssig. Wir brauchen kein Entchen, wir haben doch das Entlein bzw. das Anterl. Für das Häschen haben wir das

Häslein bzw. das Haserl. Statt einem Gänschen kaufen wir ein Ganserl.

„Live“ und „Action“

„Live“ für „direkt“ bleibt uns wohl (is here to stay). Dann hört man im ORF: „Entschuldigung, bei einer Direktsendung passiert so etwas!“ Nicht jedes „live“ läßt sich mit „direkt“ oder „unmittelbar“ wiedergeben, aber „Direktsendung“, „Direktübertragung“, „Direktschaltung“ ginge schon öfters. Abgesehen von der falschen Aussprache „life“, die weh tut. Noch weher tut „Äktschn“ mit dem falschen „t“ statt korrekt „Action“. Das ständige Räubern im englischen Wortschatz macht uns denkfaul und respektlos. Brauchma des?

Ne Macke

„Du hast wohl ’ne Macke!“ dürfte sich, wenn überhaupt, erst mittelfristig in Bayern und Österreich durchsetzen. Entgegen steht das kürzere „Du spinnst wohl!“, „Du spinnst“.

Der Miesepeter

Der Miesepeter geht um. Wem öfter etwas nicht paßt, was jedem sein gutes Recht ist, der wird bald als miesepetrig abgestempelt. Auch das Verb „miesepetern“ läßt sich bereits orten.

Mieses Wetter, miese Stimmung, mieser Charakter, ein Fest vermiesen, dergleichen hat sich eingebürgert. Dem importierten Miesepeter wäre jedoch der Griesgram oder der Grandlhauer schon noch eine Zeitlang gewachsen.

Oder ist der Münchner Grant doch eher eine Miesepetrigkeit und wir haben es nicht gewußt?

Muss ich?

Die reformierte Rechtschreibung verlangt „ss“ nach einem kurzen Vokal. Das Hilfsverb „müssen“ hat bei den Formen „ich muß“ und „er muß“ im deutschsprachigen Süden ein langes „u“, reimend auf Fuß, Gruß. Folglich ist die neue Schreibung „muss“ regelwidrig.

Oder muß unsereiner erst die norddeutsche Aussprache lernen, in der (siehe Duden Nr. 6) „muß“ mit kurzem „u“ gesprochen wird?

Hauptsache, es wächst alles fest zusammen, nach West und Ost endlich auch Süd und Nord. Bismarck läßt grüßen (Dudenaussprache: Bissmarck).

Pustekuchen

Neben Obstkuchen, Pfannkuchen gibt es jetzt auch den Pustekuchen. Die Zeitungen vermelden ihn immer häufiger, in Hörspielen und modernen Märchen mit fremdsüddeutscher Besetzung gehört er zum festen Repertoire. Man weiß nichts ganz Genaues über ihn, er hat mit Wegblasen zu tun. Auf der sprachlichen Rollbahn nach Süden schiebt er sich immer weiter nach vorne. Ursprünglich ein Kuchen aus Pusteblumen, abgeblühtem Löwenzahn, ist „Pustekuchen!“ ein unfreundlicher Ausruf, der den alternden „Pfiffkas“ ablöst.

Allererste Sahne

„Das war schon erste Sahne, was Effe geboten hat“, schreibt der bayerische Kaiser von jenseits des Koaser. Zwar müssen wir das Duell Sahne : Rahm wohl schön langsam verloren geben. Schließlich kann man nicht alle Bedienungen immerfort schulmeistern. Aber „erste Sahne“ als hohes Lob, das ist vorerst noch zuviel.

Wer als Einheimischer derartiges übernimmt, läuft Gefahr, bald auch „keinen Schneid“ usw. zu sagen. Oder ist es schon soweit, Franz?

Schmuddelwetter und Sauwetter

„Sauwetter“, nein, das kann man denken und daheim sagen, aber „Schmuddelwetter“ ist vornehm und kommt auch einheimischen Sprechern frohgemut von der Zunge.

Zwar hängt Schmuddel mit Schmutz zusammen, während wir bei einer anständigen Sau keineswegs Schmutziges denken. Erst bei der Drecksau, stets ein menschliches Wesen, er oder sie, grausts uns.

„Die Aussichten für morgen: Weiterhin ein naßkaltes Sauwetter.“ Also ohne schmuddelige Zutaten. Kann nur Wohlbefinden auslösen.

Brauchen wir den Tunnel?

Geschlechtlich geht es in der Sprache wild durcheinander. Der Dotter, das Dotter? Der Duden gestattet beides. Uns langt „der“, und „das“ für Eigelb und Eiklar.

Auch beim Gummi dudelt es sonderbar. „Das Gummi“ sei korrekt. Bei konkreten Produkten, wie einem Radierer, muß es allerdings „der Gummi“ heißen.

Da sind wir froh.

Beim „Tunnel“ will die Sprachbibel von einem „das“ nichts wissen. Halt, da steht „Tunell“ ja glatt extra im Duden. Das sei süddeutsch, österreichisch, schweizerisch, und zwar „das Tunell“.

Bravo, geliebter Duden!

Also, ihr Zeitungsmacher: Schreibts doch „das Tunell“! Ihr Radio- und Fernseh-Leute: Sagts doch „das Tunell“, Betonung auf der 2. Silbe, wie es sich gehört!

Warum nicht Walisien?

„Wales“ haben wir englisch auszusprechen, wobei es meist bei einem „Wels“ bleibt, was ebensogut ein Waller aus der Donau sein kann.

Wir sagen nicht Scotland, sondern Schottland, es heißt nicht Ireland, sondern Irland, niemand sagt Norge, sondern Norwegen. Warum also Wales und nicht Walisien?

Schließlich heißen wir die Bewohner des Landes die Waliser. Und wenn die Tschechen in Tschechien, die Bosnier in Bosnien und sogar die Brasilianer in Brasilien leben dürfen, wäre es vielleicht an der Zeit, eine Taufe auf den wohlklingenden Namen Walisien vorzunehmen.

Ein Wonneproppen

Das schöne Wort „Wonne“, das „Lust“, „Freude“ bedeutet, begegnet uns in der Verbindung mit dem niederdeutschen „Proppen“ und läßt uns rätseln. Der Proppen ist wohl unser Pfropfen oder Stöpsel. Daß „proppenvoll“ die Bedeutung „gestopft voll“, „gesteckt voll“ hat, leuchtet ein, aber überrascht erfahren wir, daß wir bei dem „Wonneproppen“ falsch geraten haben. Es handelt sich um ein prächtig gedeihendes Baby. Auch ganz lustig.

Da wir den Proppen kaum wieder loswerden, empfiehlt sich wenigstens eine Versüdlichung wie „Wonnebrobberl“ oder „Wonnebobberl“.

Redensarten, die wir gern zurückgeben

Müssen wir eine Tante Emma bemühen, um einen Kramerladen zu bezeichnen? Verzichten können wir auch auf die Grüne Minna, solange wir wissen, was ein Zeiserlwagen ist, in dem das ausgestorbene Wort „zeisln“ = eilen steckt.

So drängt man uns Ausdrücke auf, die wir erst lernen sollen und nicht brauchen. „Auf die Reihe kriegen“ schleicht sich überall ein, wo es doch langt zu sagen: „Das bekomme ich in den Griff“ oder „Damit werde ich fertig.“ Wozu die eigenen Knöpfe ausreißen?

Laub rechen wir mit dem Rechen zusammen. Wollen wir es lieber mit einer Harke zusammenharken? Man kann anderen deutlich die Meinung sagen, ohne ihnen zu „zeigen, was ne Harke ist“. Solche uns fremde Redensarten sollen dort bleiben, wo man sie als passend und vielleicht als lustig empfindet. Unsere Schreiber und Sprecher müssen nicht krampfhaft etwas Ähnliches finden.

Wer oft „eine kesse Lippe riskiert“ ist halt ein Sprüchemacher (nicht: Sprücheklopfer). „Halt die Ohren steif!“ mag eine treffende Ermunterung sein, uns genügt „Nur Mut!“, „Nicht auslassen!“ Die Mundart darf durchschimmern.

Überhaupt würde es unser Hochdeutsch gut vertragen, mehr von den Mundarten versorgt und aufgefrischt zu werden, statt niederdeutsche Redensarten verdauen zu müssen. Was wohl die Leute in Hannover sagen würden, wenn sie im Lokalradio hörten: „Da hat sich unser Ministerpräsident einen Schiefer eingezogen!“ Vielleicht: „Der Typ hat wohl nich alle!“ Vielleicht sogar: „Niedlich. Bringt noch mehr Sepplsprache!“

Im übrigen ist das südliche Deutsch, zu dem natürlich das Österreicherische und Schweizerische gehört, kein Abladeplatz für norddeutsche Sprachgeschenke. Wir haben Fleckerlteppiche, behaltet ihr bittschön eure Flickenteppiche!

Wir gehören zum südlichen deutschen Sprachraum

Verdutzt oder verärgert stoßen wir in der Zeitung immer wieder auf Wörter und Ausdrücke, die uns kaum geläufig sind und uns auch wenig anweigen. Warum, fragen wir uns, bezeichnet der Journalist jemanden als „miesepetrig“, wo er doch wohl „griesgrämig“ meint? Ist der grantelnde Münchner etwa ein Miesepeter, und wir haben es nie gewußt?

Wir lesen: „Steuererhöhung bleibt außen vor“, kommt also wohl nicht in Betracht.

Eine weitere Überschrift: „Er wollte in den Knast“. Ist „Gefängnis“ für ihn nicht flott genug? Oder: „Zoff in der Kneipe“. Wir nehmen an, es gab Streit oder Zank in dem Lokal; kein Wunder, wenn der Wirt es selber als „Kneipe“ ansieht, was vom Dialekt her nicht besonders gut klingt.

Manches Neudeutsch vernebelt für uns die Begriffe. „Offensichtlich wollte man die Behörde beschummeln.“ Also hereinlegen oder ausschmieren oder noch schlimmer. Brauchen wir ein „mogeln“? Er mogelt sich immer nach vorn. Das sagt sich mit „schwindeln“ kräftiger. Einc „Mogelpakkung“ ist schlicht eine Schwindelpackung, das versteht jeder!

Im Sportteil: „Morgen spielen wir volle Pulle!“ Ging „Pulle“ für die Flasche schon zäh genug, müssen wir jetzt auch noch übertragene Wendungen erlernen. Sollen die halt mit vollem Einsatz spielen. Er käme nicht aus „Kleinklekkersdorf“, betonte der frühere Trainer unentwegt. Betroffen lernten wir um und ließen Hinterdupfing in Frieden.

Dann dieses „allemal“. Bedeutet es „jedes Mal“? Nein, denn wir hören: „Noch 100 Meter zum Ziel. Das schafft er allemal.“ Also „schon“ bzw. „schon noch“.

Es heißt obachtgeben. Eingelullt in unsere Bayernseligkeit merken wir vielleicht gar nicht, wie uns schön langsam die südliche sprachliche Decke weggezogen wird.

Südhochdeutsch

Es nützt nichts (es hejft/huifd nix) – der Unmut wächst. Immer mehr empfinden die Präsenz einer dritten Sprache

„Mia reen gwies ned breissisch!“

bei uns (neben Dialekt und Hochdeutsch) als ein Ärgernis. Das eingeschleppte Norddeutsch ist im Hörfunk, privat wie öffentlich, schon so bestimmend, daß unsere eigene Sprache bereits in den Hintergrund gerückt ist, reserviert für Volksmusikansage, Kabarett, Mundartstücke, etc.

Jene Sprecher und Berichterstatter, die noch ein südlich gefärbtes Deutsch sprechen, fallen geradezu auf, sind aber, was einen noch mehr verstimmt, oft nicht gefeit gegen Anpassungen, wie dreißich, sonnich. Da passiert schon einmal ein unsinniges „mal“, ein unnötiges „kucken“, ein schlampiges „nich“, vor allem aber das geschrumpfte „ne“, „nen“ statt „eine“, „einen“.

Für manche ist der nördliche, meist härtere, Stimmton und namentlich die stimmhafte Aussprache des „s“ (sieben, so sicher) unerträglich. Gleiches gilt für das „w“. Man erwartet „Löwe“, nicht „Löve“.

Das Knacken im Kehlkopf beim Vokalansatz (Be'amter) bewirkt vielfach Ohrenweh. Wo in Bayern findet eine phonetische Ausbildung statt, die nicht die uns fremde Dudenaussprache einfordert?

Man kann es nur wiederholen: Warum findet die Klage, der Unwille, die Wut (siehe zahllose Leserbriefe) der einheimischen Bevölkerung, die doch nur ihr Grundrecht auf die eigene Sprache einfordert, „oben“ kein Echo? Nicht einmal bei denen ganz oben, die keineswegs zugewandert sind?

Soll man sagen: „A Greiz iss!“ Und sich weiter in der „Liberalitas Bavariae“ sonnen? Nein, a Schand iss!

Wenn sogar von der Regierungsbank aus bayerischem Mund ein „außen vor“ zu vernehmen ist, beweist dies, daß sehr großer Handlungsbedarf besteht.

Immerhin: Ein kleiner Verein ist dabei, sich aufzumandln!

Im letzten Satz hat Johann Höfer einen Hinweis auf den „Förderverein Bairische Sprache und Dialekte“ versteckt. Siehe hierzu Näheres im Nachwort des Herausgebers!

Süddeutsch für Zuwanderer

Auszüge aus dem „radikalen Sprachkurs"

für

Neubayern, Neuösterreicher, Neuschweizer

aus

Berlin
den Hansestädten
Nordrhein-Westfalen
Mecklenburg-Vorpommern
Schleswig-Holstein
Brandenburg
Niedersachsen
Thüringen
Hessen
Sachsen
Sachsen-Anhalt

4. Lektion: „Wer ist es gewesen?"

Mit „Wer war's?" verkürzen Sie diese Frage von sechs Silben auf nur zwei. Erneut sehen wir, daß es nicht auf das Tempo ankommt. Im Süddeutschen ist das Perfekt die üblichere Erzählform für Vergangenes. Allerdings bildet „war" eine der wenigen Ausnahmen, denn beide Formen, also „ich bin dort gewesen" und „ich war dort" gebraucht man unterschiedslos. Ähnliches gilt für „wollte". Hier ist das Präteritum oder Imperfekt sogar häufiger als das Perfekt: „Ich wollte mich entschuldigen", gegenüber „Ich habe mich entschuldigen wollen". Ersteres deckt beide Bedeutungen ab (gestern; jetzt).

Für den Anfang genügt es, daß Sie die Perfektformen häufiger als gewohnt in Schilderungen und Fragen verwenden. Etwa:

Früher	**Ab jetzt**
Ich freute mich sehr.	Ich habe mich sehr gefreut.
Es half nichts.	Es hat nichts geholfen.
Wir redeten nur.	Wir haben nur geredet.
Was sagtest du?	Was hast du gesagt?
Wann zogt ihr hier hin?	Wann seid ihr hierher gezogen?

Vielleicht empfinden Sie diese Ausdrucksweise zu wenig dynamisch, zu verweilend und statisch. Was Sie aber in Wirklichkeit aufgeben, ist Drängen und Hektik. Viele Imperfekte konnten Sie bisher schon nicht verwenden, weil die Zunge streikte: Warum antwortetest du nich? Wo arbeitetet ihr? Mit wem zeltetest du? Das süddeutsche Perfekt macht Sie ruhig und ausgeglichen. Geben Sie sich dieser sanfteren Sprache hin!

Sicher ist Ihnen schon mehrmals aufgefallen (fiel Ihnen schon mehrmals auf?), daß im Südhochdeutschen das Perfekt mit dem Hilfsverb „sein" gebildet wird, wo sie vermutlich „haben" verwenden. Vergleichen Sie die inhaltsgleichen Feststellungen: Er hat zwei Tage im Gefängnis gesessen (norddeutsch). Er ist zwei Tage im Gefängnis gesessen (süddeutsch). Ebenso: Wer hat/ist im Tor gestanden? Wie lange hat/ist sie im Krankenhaus gelegen? Wie hat/ist es dir drüben ergangen? Sorgen Sie sich nicht, wenn Sie sich immer wieder bei der norddeutschen Form ertappen. Im übrigen:

Die englische Sprache kennt nur ein „haben" (He has sat down), ebenso die spanische (te he preguntado algo). Im Französischen und Italienischen gibt es sowohl „haben" wie „sein", während das Serbokroatische nur Formen mit „sein" kennt (ha sam bio y Beogradu). Und zum Trost: Im Russischen und Ungarischen gibt es weder das eine noch das andere.

Die folgenden Beobachtungen (Beobachtung?) drücken Sie mühelos in einem guten Südhochdeutsch aus. Also im Perfekt.

1. Über 120 Autos rasten im Nebel aufeinander.
2. Ich sah ihn auf mich zukommen und wich schnell aus.
3. Sie lief die 100 Meter in unter zehn Sekunden.
4. Wir probierten den ganzen Tag euch anzurufen, aber niemand hob je ab.
5. Sie lagen meist am Strand und erholten sich prächtig.
6. Da es spät wurde, blieb sie über Nacht.
7. Aus Gütersloh wanderten die Schulzes zu.
8. Dann kamen wir zum Innenhof des Palastes.
9. Wir schwammen zusammen.

Bayrisches Motto: Zeit lassen!

In den Lektionen 1 – 12 lehrt Johann Höfer in wissenschaftlich-sachlicher und, wie zumeist, sehr humorvoller Weise ausgewählte Charakteristika des Südhochdeutschen, so wie sie in mehreren Bairisch-gredt-Folgen weiter oben bereits abgedruckt sind.

In Lektion 13 und 21 dagegen greift er zum Mittel der Satire, um sein Anliegen um so eindringlicher zu vermitteln. Ein wahrer Hochgenuß für den Leser!

13. Lektion: Hofolding reimt mit Ruhpolding

Zu den vielen erfrischenden Erscheinungen im Neubayrischen gehören die neuen Betonungen. Der Zuzugmünchner August Everding wurde von der Mafia der Urmünchner in letzter Minute bei dem Versuch gestoppt, das renovierte P**r**inzregententheater als Prinzreg**e**ntentheater neu einzuweihen. Aus Rache schreiben die neumünchner Journalisten seither das verstümmelte Wort „Prinze“. Als Folge bezeichnet man heute im Volksmund das benachbarte Eisstadion als Prinze 1 und das Theater als Prinze 2. Man muß daraus die Lehre ziehen, daß die südhochdeutsche Tradition, auch längere zusammengesetzte Substantive auf der allerersten Silbe zu betonen, in unserer flexiblen Zeit nicht mehr tragbar ist. Zum Glück haben unserer Zuwanderer ein zur Wortmitte neigendes Betonungsgesetz, das sich im Süden eilig durchzusetzen beginnt.

So sind **U**mweltschutzmaßnahmen jetzt Umweltsch**u**tzmaßnahmen. Anstatt **A**rbeitszeitverkürzung heißt es nun Arbeitsz**ei**tverkürzung. Aus L**a**denschlußgesetz, F**u**ßballänderspiel und Qu**e**cksilbervergiftung wurden Ladenschl**u**ßgesetz, Fußball**ä**nderspiel und Queck**si**lbervergiftung. NachrichtenleserInnen sind eine zuverlässige Orientierungshilfe. So betont Sabine Christiansen Umgest**a**ltung, Brandbek**ä**mpfung. Leila Fréer liest Finanzh**i**lfe, Landesh**au**ptstadt. Der Kommentator Ernst Dieter Lueg empfiehlt ebenfalls Bundesh**au**ptstadt. Über die Unterbr**i**ngung der Terroristen berichtet Dagmar Berghoff. Wim Thoelke nennt eine Postl**ei**tzahl. Dieter Schäfer bezieht sich auf die Strafverf**o**lgungsbehörden. Hans Joachim Friedrichs erwähnt das Strafges**e**tzbuch und Günther von Lojewski kommentiert die Krankenvers**i**cherungsreform. Winfried Scharlau entscheidet sich für die Betonung Oberbef**e**hlshaber.

Diese moderne Tendenz, die Betonung von der ersten Silbe wegzubringen, erfaßt auch Eigenschaftswörter. Sagen sie ab sofort: anerk**a**nnt, unbefr**ie**digend, ausf**ü**hrlich, nennensw**e**rt, kostsp**ie**lig, landw**i**rtschaftlich, unbr**au**chbar. Besonderes Interesse verdient die Betonungsverschiebung bei Ortsnamen. Vorreiter waren die Orte Ruhpolding, Hofolding und Dingolfing, die sich allerdings gegen ein Umtaufen in Ruhp**o**lding, Hof**o**lding und Ding**o**lfing anfangs zur

Wehr setzten. Am hartnäckigsten wehrte sich Großdingharting bei München, das weiterhin auf Großd**i**ngharting besteht. Die neuesten Trends vermitteln die Verkehrslageansager (natürlich Vekehrsl**a**geansager), die überwiegend Neuzuwanderer sind. Der Bayerische Rundfunk gewährt freilich nur während der Probezeit Betonungsfreiheit, so daß die Neuen von Oberb**a**yern, Oberpf**a**lz, Mittelfr**a**nken wieder abrücken müssen.

Eigenartigerweise finden Zuzügler auch Gefallen an der ortsüblich traditionellen Betonung und sie machen es im Nu besser als die Alteinheimischen. Auf diese Weise entstanden die modernen Betonungen P**a**rtenkirchen, M**i**ttenwald, **O**ttobrunn, B**o**genhausen, **I**rschenberg, K**o**lbermoor, S**a**merberg, Bad R**ei**chenhall, **A**ltötting, B**u**rghausen. Von einer etwas früheren Zuwanderungswelle stammen die korrigierten Ortsbezeichnungen Harl**a**ching, Bern**au**, Ism**a**ning, Feld**a**fing, Land**au**, Trud**e**ring, Germ**e**ring, Tittm**o**ning, Gast**ei**g und Geiselgast**ei**g. Die Aussprache Schäftl**a**rn (Sandra Maischberger) ist noch nicht gesichert.

21. Lektion: Ein Schemiewerk für Schina

Sagten Sie bisher „kinesisch essen"? Dann dauert es einige Zeit, bis sie „schinesisch" ohne Zungenbrecher über die Lippen bringen. Streng genommen verlangt der Duden ein „ch", wie in „ich", doch die gesamtdeutsche Umgangssprache bevorzugt „sch". Das verbittert die bayrischen Patrioten, die sich von Österreich und der Schweiz her in ihrem „Kina" bestärkt fühlen.

Lange Zeit tobte im Chiemgau ein Leserbriefkrieg zwischen „Schiemsee" und „Kiemsee". Schließlich schrieb ein Zugewanderter großmütig: „Lassen wir den Bayern ihren Kiemsee!" Sie müssen also nicht umlernen. Hoffnungslos veraltet klingt das „k" natürlich in den Wörtern „Chemie",

„Chirurg“, „Chinin“. Sagen Sie also nie mehr „kemische Verbindung“, „kirurgischer Eingriff“, „Kininvergiftung“. Sie dürfen den „sch“-Eifer zwar nicht übertreiben. Es heißt keineswegs „Schemnitz“ und „Scheruskerfürst“.

Ortsnamen, die mit „Ch“ beginnen, haben es in sich. Folgen Sie einer Faustregel. Sagen die Einheimischen „sch“, sprechen Sie als Deutscher ein „tsch“. So ist es richtig bei „Chicago“. Setzen Sie den dortigen Amerikanern, welche „Schicago“ sagen, ruhig eins drauf mit einem deutschen „Tschikago“. Bei „Chile“ machen Sie es umgekehrt. Sie hören dort nur „Tschile“, bleiben aber bei Ihrem modernen „Schile“, wie die Mehrzahl norddeutscher Politiker es tut. Der Duden läßt auch „Chile“ zu, mit dem ich-Laut. NachrichtenleserInnen finden diese Aussprache besonders apart und pflegen sie. „Tschilenisch“ klänge auch zu einheimisch exotisch.

Daß das norddeutsche „Tschianti“ bzw. „Schianti“ in der Toskana nicht heimisch werden will, ist den Zuwanderern und Weintrinkern aus dem Norden eine herbe Erfahrung. Im neuheimatlichen München stimmt jedoch auch dieses. „Cameriere. Come mai questa strana pronuncia?“ „Ach, wissen Sie, signore, Deutsche sagen so und ich will nicht Probleme.“ Deutscheuropäische Signale, die ermutigen. Bei „Ciao“ oder „Ciao ciao“ liegen Sie mit einem „tsch“ goldrichtig, wenngleich dieser Rivale von „Tschüss“ in unserem Norden häufig schon als „Schau“ zu hören ist, ohne Zweifel die Form der Zukunft.

Sie sehen in diesem Kapitel, nachdem Sie längst kein Anfänger mehr sind, wie clever das Norddeutsche Wörter leicht verändert, die aus fremden Sprachen „entwendet“ wurden und werden. So sind die „jeans“ sofort in Norddeutschland zu „Scheanss“ geworden. Das übernommene „job“ mußte sich die Verwandlung zu „Schop“ gefallen lassen. Wo es zu Verwechslungen mit dem ebenfalls importierten „shop“ kommen könnte, bietet sich das häufigere „store“ an. Oder man klärt mit einem zusammengesetzten Begriff: „Ich hab jetzt n Schop in einem Corner Shop“. Den Cocktail „gin and tonic“ ordern sie auf norddeutsch als „Schinntonik“. Der „gentleman“ verdient auch als „Schentlman“ Respekt. Es versteht sich, daß beim Synchronisieren das lästige „dsch“ bei den Namen eingeebnet wird: Jane (Schejn), Jason (Schejssn), Jimmy (Schimmi), Jenny (Schenni), Geoffrey (Scheffri) bzw. Geoff (Scheff).

Zusammenfassung: Mit einem eleganten „sch“ schaffen Sie gekonnt die ausländischen Namen. Lesen Sie jetzt mit lauter und sicherer Stimme das folgende:

1. Die Chemie muß stimmen unter Partnern.
2. Wie komme ich zum Chinesischen Turm?
3. Wann muß ich einchecken?
4. Ist mein Name auf der Checkliste?
5. Jenny ist nach Chile abgereist.
6. Kann man einen noch kleineren Chip entwickeln?
7. Jeans sind zeitlos.
8. Er möchte Chiropädie studieren.
9. Es handelt sich um einen Chippendale Sessel.
10. Also Ciao-Servus und Tschüss-Ade-Holldrio!

Ihre Aufgabe am Schluß dieser Betrachtungen führt Sie zurück an die zusammengesetzten Substantive. Die in den folgenden Wörtern angegebene Betonung ist noch nicht falsch aber altmodisch. Unterstreichen Sie bitte die Silbe, die im modernen Neubayrisch den Ton trägt.

1.	N**o**tlandung	Notlandung
2.	Sch**a**denfreiheitsrabatt	Schadenfreiheitsrabatt
3.	V**ie**lvölkerstaat	Vielvölkerstaat
4.	Pf**e**fferminztee	Pfefferminztee
5.	**Ei**nfamilienhäuser	Einfamilienhäuser
6.	Gr**o**ßgrundbesitzer	Großgrundbesitzer

7. **U**ltraschallwellen — Ultraschallwellen
8. St**i**mmabgabe — Stimmabgabe
9. S**ü**dfrankreich — Südfrankreich

P.S.: Kurz vor dem Niederschreiben dieses Kapitels besuchte ich eine Münchner Buchhandlung. Ich wurde ungewollt Ohrenzeuge eines Telefonats, das eine offensichtlich frisch zugewanderte Verkäuferin führte: „Kommst du mich abholen? Paß auf. Die Buchhandlung heißt Hugend**u**bel und ist am Salvat**o**rplatz. Tschüss dann!“

„Gej, a h*a*ndgwebts D*i*andlgwand hod aa ned a jede!“

Erfolge und Wirkungen

Wie alles begann...: Bairisch und Südhochdeutsch

Aus der Abendzeitung vom 25.02.1987:

„Preußen-Bazillus hat das Südhochdeutsche ruiniert“

Münchner Professor beklagt sprachliche Umweltverschmutzung in Bayern

Von Wulf Petzoldt

„Wer als Bayer so redet, dem fehlt der Stolz.“ Anpasserisch sei so einer, ein Nachäffer und ein sprachlicher Umweltverschmutzer. Die „Verpreußung“ in der Umgangssprache ist es, die Professor Höfer von der Münchner Fachhochschule so empört. Dabei will er gar keine Lanze brechen für urbayerische Dialekte. Sondern für ein Südhochdeutsch, „das doch so schön ist, aber leider immer mehr korrumpiert wird.“

„Schlimme Erfahrungen“ kann Höfer aufzählen: Da spricht ein Bayer nach drei Wochen jenseits der Mainlinie prompt „diesen norddeutschen Slang, weil er meint, das sei schick“. Da klagt ihm eine Standlfrau am Viktualienmarkt, ihre Tochter rede schon so „gschlampig“, daß die Mutter sie kaum mehr verstehe. Da gibt es türkische Kinder, die über Funk und Fernsehen „Deutsch für Ausländer“ lernen, in Wirklichkeit aber diese „norddeutsch verschandelte Aussprache“.

Überhaupt der Rundfunk, das Fernsehen. „Es preußelt

auf allen Wellen und Kanälen", sagt Johann Höfer. Fast alle Ansager/innen und Moderatoren/innen im Bayerischen Rundfunk hätten „Originalton Nord" drauf. Auch viele bayerische Schauspieler, selbst seriöse, seien von diesem „Bazillus" infiziert. Gar nicht zu reden von der deutschen Synchronisation etwa für „Dallas" oder „Denver", für Western oder Fellini-Filme; sogar Afrikaner und Indianer in TV-Serien „sprechen wie in Berlin oder Buxtehude".

Nein, den Sprachen-Professor ärgert nicht so sehr das Verschwinden bayerischer Ausdrücke. Wenn andere Wort-Wächter forderten, Kinder sollten in der Schule durchaus wieder bayerischen Dialekt lernen, so findet Höfer das zweitrangig. Denn „das hilft jungen Menschen nicht weiter". Höfer will etwas anderes: „Wir müssen uns wehren gegen diesen norddeutschen Slang, der ja nicht einmal ein Dialekt, sondern eine verschlampte Sprache ist."

Beispiele? Die ersten zwei Sprach-Sünden sind für Höfer diese kastrierten Worte „nich" und „ne". „Ich hab ne Idee", „Das weiß ich nich." Bei solchem TV-Deutsch vergeht dem Professor Hören und Sehen. „Österreichische Fernsehsprecher werden nie so reden, aber unsere passen sich dieser Schickeria-Sprache an." Zu den wenigen BR-Ausnahmen zählten Fritz Straßner und Gustl Weißhappl.

Dann dieses Zäpfchen-R. Der norddeutsche Slang macht aus „dort" ein „docht", aus „Rose" fast eine „Hose", aus „hart" ein „hacht", aus „Nordbayern" ein „Nochtbayern". Viel schöner klingt das süddeutsche Zungen-R, wie es auch in Italien oder Spanien daheim ist.

Oder das mißbrauchte „W". Tatsächlich schreibt der Duden vor, „Wind" wie „Vint" auszusprechen, „Winter" wie „Vinter", „Wein" wie „Vein". Höfer: „Das ist für einen Süddeutschen unzumutbar." Mehr noch: „Den Duden können wir vergessen, den sollen die Norddeutschen für sich behalten.“ (...)

Andere „Scheußlichkeiten“ sind die harten Verschlußlaute, die dank Duden den Süden eroberten: „Bat“ statt „Bad“, „Gelt“ statt „Geld“, „Cheff“ statt „Chef“, „Fredd“ statt „Fred“, „obb“ statt „ob“, „ess“ statt „es“, „grobb“ statt „grob“, „Kint“ statt „Kind“, „liep“ statt „lieb“.

Aus „Tschüß“ wird „d’Schiß“

Auch das „g“ am Wortende muß oft dran glauben: „Wichtich“, „Sonntach“, „richtich“, „traurich“. Ebenso die Endsilbe „en“: „Wir finn das gut“, „Meine Dammunhean“, „Haben Sie’s genomm?“, „Wann sind Sie gekomm?“, „Was nehm Sie denn?“. Und vorne geht’s dem „P“ dran: „Fui“ (Pfui), „Farrer“ (Pfarrer), „Ferd“ (Pferd), „Fennich“ (Pfennig), „Flege“ (Pflege) oder „Frohe Fingsten“.

„Preußizismen“ sind für Höfer auch „Schiemsee“, „Schina“, „Schemie“ und „Schob“ (Job). Oder „neßte“ statt „nächste“, „Hößtwerte“ statt „Höchstwerte“. Dann noch die falschen Betonungen: „Taabak“, „Mootor“, „Teelefon“; „Konnsum“. Und die falschen Wörter: „In keinster Weise“, „vor Ort“, „letztendlich“. Oder die falschen Bezüge: „Ein Problem, w a s drängt“, „Kein Land, w a s so reich ist“, „Das neue Auto, w a s wir fahren“.

Und erst dieses unappetitliche „Tschüß“: Höfer: „Weil viele Bayern das „ü“ wie ein “i“ aussprechen, kommt dann so was wie „d’Schiß“ raus.“

Der AZ-Sprachexperte

Johann Höfer erhielt häufig Anfragen zu sprachlichen Problemen, sei es von Privatpersonen, oder auch von diversen Medien. Diese Wertschätzung dokumentieren die beiden folgenden Reaktionen aus der Münchner Abendzeitung.

Wir über uns (Kolumne: AZ münchen, 02.03.1996)

Bairisch gredt – leichter gesagt als getan. Wie gut, daß es da den **Johann Höfer** in Litzldorf gibt. Immer wieder mußten wir den pensionierten Professor als Autorität in Zweifelsfragen des Dialekts um seinen Rat bitten. In alter Verbundenheit hat er uns jetzt sein neues Buch geschickt. Und das heißt – **Bairisch gredt**.

Wundersam schließt sich dabei ein Kreis. Denn, wie der Mundart-Professor aus dem Rosenheimer Land überraschend enthüllt, war es ein AZ-Redakteur, der ihn schon vor langem auf den Weg gebracht hatte: „Ihr Kollege Wulf Petzoldt hat mich aufs Bairische ‚scharf' gemacht, wofür ich ihm dankbar bin."

Das 200-Seiten-Buch hat den Segen des Fördervereins Bairische Sprache und Dialekte in Aying sowie die höheren Weihen der Kommission für Mundartforschung bei der Akademie der Wissenschaften. Wo man's kriegt? Für 24,80 Mark über die Adresse **Bairisch gredt**, Postfach, 83075 Bad Feilnbach.

Wir über uns
(Kolumne: AZ münchen, 30.09.1995)

„Tut's fei Maß halten!“ forderte die AZ-Schlagzeile. Das klang zwei dialektgeprüften Redakteuren falsch im Ohr. „Tuat's“ hätte Sport-Chef **Franz-Hellmut Urban** gern gelesen. Und Politik-Redakteur **Wulf Petzoldt** fand „Dead's“ am stimmigsten. Ja, was nun? Wir fragten den Experten.

Professor **Johann Höfer** vom Förderverein Bairische Sprache und Dialekte e. V. hat die Formulierung bereits als durchaus akzeptabel unter dem Rubrum „kleine Mischform“ abgeheftet: „Es ist halt ein mehr der Hochsprache angenähertes Bayerisch.“ Fehlerhaft und überflüssig sei ganz allein der Apostroph. Es heiße ja nicht von ungefähr Watschn, Lätschn, Hosn. Sein Rat also: Tuts künftig das Auslassungszeichen auslassen!

Eines muß der Prof. dial. aus Kutterling allerdings jetzt schon loben: „Die Wiesn schreibt die AZ völlig korrekt ohne Apostroph – im Gegensatz zu anderen Zeitungen.“ Wir danken.

Habdsas boid? Deads ned so lang umanan!

Änderung der Schreibweise: Wies'n wird zu Wiesn

(siehe auch Kapitel 10 von *Bairisch gredt,* 1. Band)

Aus einem Brief Höfers an die *Süddeutsche Zeitung:*

Prof. Johann Höfer — Kutterling, den 6. 09. 96
Kutterling
83075 Bad Feilnbach

An die
Chefredaktion
der Süddeutschen Zeitung
München

Sehr geehrte Damen und Herren,

ich würde mich freuen, wenn die SZ sich entschließen könnte, das „Haggerl" in dem Wort „Wiesn" zu streichen. Verweisen möchte ich z. B. auf die AZ.
Gleichzeitig erlaube ich mir, Ihnen mit gleicher Post ein Exemplar meines Büchleins „Bairisch gredt" zu schicken, in dem ich eine entsprechende Seite angemerkt habe.
Man könnte sicher ansprechen, wieviele Tastendrucke Sie einsparen würden!

Mit besten Empfehlungen
Johann Höfer

Die Reaktion der Süddeutschen Zeitung:

Tschüß, Haggerl! Servus, Wiesn!

Aus der *Süddeutschen Zeitung,* 21./22.09.1996, Kolumne: *Vier für München,*

von Hermann Unterstöger

Vicisti, *Münchner Merkur!* Du hast gesiegt, altes Haus, und zwar, wenn schon nicht auf der ganzen Linie, so doch in einer entscheidenden Etappe, indem wir uns nämlich Deinem trefflichen Bairisch-Lehrer Johann Höfer und seiner Wiesn-Doktrin nicht länger zu verschließen gedenken. Es läuft aber diese Doktrin darauf hinaus, daß man die Wies'n, also das Oktoberfest, nicht Wies'n schreibt, sondern Wiesn, ohne „Haggerl" (so Höfer, der in Kutterling da draußen lebt und auf seine alten Tage dem phonetisch korrekt geschriebenen Dialekt Lanze für Lanze bricht). Für uns ist das keine Kleinigkeit, weil wir immerhin auf Jahrzehnte einer – wie wir uns schmeicheln – kompetenten Wies'n-Berichterstattung zurückblicken. Auch haben die Kolleginnen und Kollegen allesamt bereits die vom Betrieb ausgeworfenen Freimarken gebunkert, auf denen u. a. „Gutschein für Wies'n-Hendl" steht, so daß Gewissensbisse und Loyalitätskonflikte kaum ausbleiben werden. Da müssen wir durch, und keiner soll uns etwas anmerken.

Dennoch würden wir es uns zu einfach machen, wenn wir von heute an Wiesn statt Wies'n schrieben und den Leser mit seiner berechtigten Verwirrung allein ließen. Der Apostroph war ja schließlich kein Naturereignis oder irgendwie genetisch bedingt, sondern das Ergebnis zum Beispiel der Lektüre Ludwig Thomas. „Ja, dös is a Biberpelz, de Haub'n", heißt es bei dem einmal, und der Thoma, dös is a Koryphäe. Des weiteren haben wir selbstverständlich die

Historie im Hinterkopf und wußten deswegen, daß die Wiesn früher weder Wiesn noch Wies'n hieß, sondern „Theresens Wiese" nach der Therese Charlotte Louise von Sachsen-Hildburghausen, die hier einheiratete und so unserem Faible fürs Herrscherhaus neuen Zunder gab: „In unsrer Brust, da steht's geschrieben, daß wir die Wittelsbacher lieben." So hat sich das eingebürgert, und eines Tages wurde die Wies'n so geschrieben, als sei da, wo der Apostroph steht, ein e herausgefallen. Das war aber nie drin, sagt Höfer. „Es gibt keine Einzahlform *Wiesen,* also ist das Haggerl als Auslassungszeichen ein Schmarrn."

Ein nobles Wort, das man, ehe man darauf eingeht, nachklingen lassen sollte: Schmarrn... Indessen, so ein Schmarrn, wie Höfer unterstellt, ist der Apostroph auch wieder nicht. Es gibt nämlich in den abgesunkenen Sprachschichten ein altes Flexions-*n*, das sich, seiner Winzigkeit ungeachtet, in der gehoben poetischen Sprache nicht zu verstecken braucht. Wir sagen nur Goethe: „Röslein auf der Heiden". Oder: Altötting, das Heiligtum „auf der grünen Matten". Matte bedeutet übrigens Wiese, sollte aber als Synonym fürs Oktoberfest besser nicht herangezogen werden. „Kimmst mit mir auf d'Mattn?" – nein, also das geht absolut nicht.

Die Farrenpoint – Vormals: Der Farrenpoint

Folge Nr. 8 vom 6. 6. 1997 von Johann Höfers Serie *VO ORT ZU ORT* im Oberbayerischen Volksblatt:

Derndorf und die Farrenpoint

Schon im Jahr 777, als Tassilo III. das Herzogtum regierte, hatte ein Derndorfer etwas zu verschenken. Ein Mekilo übergab sein Sach der Kirche in Freising, genau am 5. Oktober 777.

Zu lesen ist dies in den Freisinger Traditionen. „Traditionen" (lateinisch „traditio" Übergabe) sind die urkundlichen Aufzeichnungen der Kirchen und Klöster über Schenkungen von Grundbesitz, die sie zum Seelenheil der Schenker erhielten.

Damals hieß der Ort, der bei Bad Feilnbach liegt, Dornegindorf. Andere Schreibungen waren Dornakindorf und im 12. Jahrhundert Dornigindorf, Dornidorf, Dorndorf. Eine Dornenhecke schützt wie eine Mauer und es war ganz natürlich, daß sich ein Dorf mit einem Schutzwall aus Dornstauden umgab.

Die heutige örtliche Aussprache ist „Dejndarf". „Dejn" ist ein rar gewordenes Wort für „Doun" (Dorn, Dornen). Man hört noch: „I homa an Dejn eidrädt. Ziagsd man aussa?" A Dejnschdaud is oiso a Dounschdaud.

Derndorf liegt gleich unter der 1273 Meter hohen Farrenpoint, einem Vorberg des Wendelsteins. Bei einer Bladdlbrob, in der Heimatkundliches zur Sprache kommt, zeigen sich einige Dirndl und Buam überrascht: „Du Sepp, wiaso sogst du d Famboid? Hoassd des ned da Famboid? Des is so a Berg." „Naa, da Suizberg is a Mannsbild, awa b Famboid

Am Fuße der Farrenpoint befindet sich die letzte Ruhestätte Prof. Johann Höfers

is a Weiwaleid. Houchdeidsch: die Farrenpoint. Es hoassd ja aa die Hochries." „Ietz glaawis awa! No howis de ganz Zeid foisch gsogg!"

Das alte Wort „Point", ursprünglich „beunda", hat mit englisch und französisch „point" (Punkt, Spitze) nichts zu tun. Die Beunda war eine „eingebundene", eingezäunte Flur und damit von der Gemeindeflur oder Allmende ausgegrenzt, oft Besitz eines Grundherrn.

In Orts- und Flurnamen findet sich immer wieder eine solche Point (gesprochen Boid): die Ackerpoint, die Feldpoint, die Irlpoint, die Ulpoint. Gemeinsam ist den Point-Wörtern, daß sie weiblich sind. „Drent auf der Point...", so beginnt Karl Stielers Gedicht „A Kraft". A gleanane Boid is a Boidl.

„Weima scho dabei han – Famboid hoassds, ned Fahmboid. De Betonung is hint." „Des aa no!"

Und der erste Teil des Wortes? Farr oder Farre, unserorts für den Jungstier, bietet sich an. Oder Farn, das Farnkraut, mittelhochdeutsch varn oder varm. Beim Schmeller auch: Hohes Gras in den Schlägen, das zum Einstreuen dient.

Somit: Für Stiere bestimmte Bergweiden oder Flächen mit üppigem Farnwuchs.

Wahrscheinlich ist es so, daß die Farrenpoint als Point im alten Sinn (eingezäunte Flur, Gebiet der Huber Alm, in der Karte von 1810 als Fahrenpointalm bezeichnet) der ältere und weibliche Begriff ist und dann als Name auf den Berg überging.

Der eifrig plattlnde Bub einer frisch zugezogenen Familie: „Was, d i e Farrenpoint? Glaub ich nich!"

Johann Höfers Version hat sich durchgesetzt, wie man beispielsweise einer Glosse vom 2./3./4. Juni 2001 aus dem Oberbayerischen Volksblatt entnehmen kann.

Am Rande notiert: Zaunkönig und Eisdiele

von Redakteur Hendrik Heuser

Zaunkönig und Eisdiele – welch eine Paarung. Wie paßt das zusammen?

Nun, beides sind Namen, und, wie wir aus den Beiträgen auf unserer Seite „Kultur in der Region“ wissen, forschen Menschen gerne nach der Herkunft von Bezeichnungen. Aus Rosenheim stammte Dr. Karl Finsterwalder, der an der Universität Innsbruck Namen in Bayern und Tirol untersuchte. Prof. Johann Höfer, der sich gern „der Kutterlinger“ nach seinem Herkunftsort nannte, hat uns überzeugt, warum es die Farrenpoint und nicht der Farrenpoint heißen muß. (...)

Die Farrenpoint (1273 m) – b Fam*boid*

Verleihung der Bayerischen Umweltmedaille (1993)

Münchner Merkur (November 1993)

Höfer – Umweltschützer in bairischer Sprachlandschaft

Autor der Serie „Bairisch gredt“ wird von Gauweiler geehrt

von Erik Spemann

In seiner bescheidenen Art hat er sich erst überlegt, ob er die unverhoffte Ehrung überhaupt annehmen kann: Professor Johann Höfer, Autor der im „Münchner Merkur“ und im „Oberbayerischen Volksblatt“ erschienenen Serie „Bairisch gredt“. Morgen wird ihm (und 42 weiteren Persönlichkeiten) Umweltminister Peter Gauweiler bei einer Feierstunde im Kaisersaal der Münchner Residenz die Bayerische Umweltmedaille überreichen.

Höfer, „voralpiner Oberbayer“ vom Jahrgang 1925, lebt in Kutterling im Landkreis Rosenheim und hätte die Ehrung sicher schon deshalb verdient, weil er seine alten Kirschbäume nebst den übrigen Obstbäumen umweltfreundlich pflegt, die Ernte brüderlich mit Amseln und Staren teilt, den Teich in seinem Garten alljährlich Fröschen und anderen Viecherln als Kinderstube zur Verfügung stellt und nächtliches Quaken für einen angenehmen Naturlaut hält.

Die schöne Medaille bekommt Höfer aber als Verfasser der Serie „Bairisch gredt“: „Er hat erkannt, daß wir unsere einheimische Kultur, wozu auch unsere Sitten und unsere Sprache gehören, ebenso schützen müssen, wie unsere Umwelt. Zu unserem Lebensraum gehören nicht nur Pflanzen und Tiere, sondern auch die Menschen, die diesen unersetzlichen Lebensraum, das Biotop Heimat, gleichermaßen brauchen, um sich wohlzufühlen“, betont das Umweltministerium.

Gleich dem Naturschützer, der die Lebensräume rar gewordener Arten hegt, stellt sich Höfer vor die hart bedrängte bairische Sprache und unternimmt liebevolle Wiederbelebung. In „Bairisch gredt“ macht er sich für die gefährdeten Wochentage „Irda“ (Dienstag) und „Pfinsda“ (Donnerstag) stark und meint voller Vertrauen in die junge Generation: „Waar do glachd, wenn se de Junga de zwoa Dog nimma mirka kantn!“

Pfleglich behandelt er auch die Ortsdialekte, wirbt für so rar gewordene Vokabeln wie „schnejalad“ (ziemlich bald), „ouggad“ (komisch) oder „ooweing“ (locken, Appetit machen), und übt sich in Geduld gegenüber neudeutschem Sprachgut. Nur auf „tschüss“ reagiert er allergisch.

Aus dem Kondolenzbrief von Dr. Peter Gauweiler (31. Mai 1999)

Zurück aus dem Urlaub erfahre ich heute Vormittag die traurige Nachricht vom Tode Ihres verehrten Herrn Vaters. Bitte erlauben Sie mir, Ihnen dazu mein herzliches Beileid auszusprechen. Ich erinnere mich noch sehr gerne an das Zusammentreffen mit Professor Höfer in der Residenz, wo ich ihn mit der Bayerischen Umweltmedaille ausgezeichnet habe. Ihm und mir ging es darum, daß wir unsere Sprache genauso schützen müssen wie unsere Gewässer.

Sie und Ihre Familie können stolz auf diesen bedeutenden Mann sein, der die bayerische Sache im 20. Jahrhundert in so nachdrücklicher Weise unterstützt hat.

Reaktionen auf das Buch
Bairisch gredt
(Bad Feilnbach, 1995)

Erik Spemann, Leitender Redakteur des Münchner Merkur, war von 1992 bis 1999 der Initiator und Betreuer der Serie „Bairisch gredt". Anläßlich des 70. Geburtstags von Professor Höfer am 22.10.1995 verfaßte er die folgenden Zeilen:

Buch zum Geburtstag

Kutterling (spe) – Wenn Sie's verschweigen könnten, wär's mir lieber", meinte unser „Bairisch gredt"-Autor Prof. Johann Höfer bescheiden. Kenna ma aba ned, das würden schon die vielen Freunde unserer seit über drei Jahren laufenden Serie sauber verübeln. Also, Höfer, der in Kutterling

Dea Hoizgnächd do hods aa zu ebbas brochd

im Landkreis Rosenheim lebt und dort neben Bairisch noch viele andere Sprachen pflegt, wird am Sonntag 70. Herzlichen Glückwunsch!

Das schönste Geschenk macht er sich dabei selber: Er gibt „Bairisch gredt“ als Buch heraus. Mitte November soll es fertig werden (wir werden pünktlich darauf hinweisen).

Höfers Rettungsversuch des Bairischen hat der frühere Umweltminister Peter Gauweiler mit der Bayerischen Umweltmedaille gewürdigt („Er hat erkannt, daß wir unsere heimische Kultur, wozu auch unsere Sitten und unsere Sprache gehören, ebenso schützen müssen, wie unsere Umwelt“). Und Höfers Schulfreund Wastl, der eine Karriere als Holzknecht gemacht hat, ist gewiß der einzige, der immer wieder zu ihm meint: „Warum bisdn du koa Hoizgnächd warn, na waarst aa wos Gscheids warn!“

Rezension in *Charivari* (Frühjahr 1996, S. 80)

Johann Lachner, Josef Martin Bauer, Otto Kuen, Franz Ringseis, Ludwig Merkle, Ludwig Zehetner – eine respektheischende Liste von Vorgängern hat, wer uns die bairische Sprache, ihre Schönheit und ihre Eigenart nahebringen will. Johann Höfer kann sich bestens neben ihnen behaupten. Sein Buch, aus einer gleichnamigen Zeitungsserie hervorgegangen, ist leserfreundlich in 99 kurze Glossen gegliedert. Jede von ihnen bietet eine unterhaltsame, amüsante und blitzgescheite Lektion in Sprachgefühl, ist nicht vollgestopft mit Schmellerschen Raritäten, sondern pragmatisch am heutigen Mundartgebrauch orientiert. Höfer nimmt gutwillige Zuwanderer bei der Hand und weist sie auf die ärgsten Schnitzer hin, er zupft Eingesessene am Ohr und treibt ihnen gedankenlose Schlampereien aus, er ist unnachsichtig gegenüber dem verlogenen Pseudodialekt, aber er gschaftelt nicht und läßt auch andere Meinungen gelten, wie das mitgeteilte Leserecho zeigt.

Grundlegende Informationen wechseln ab mit ausgefuchsten Feinheiten, und ich habe bei jedem Kapitel mit wachsender Begeisterung aufgefrischt und dazugelernt. Wir alle, deren bairisches Sprachgefühl durch die Dauerberieselung mit Medienjargon und Nordmüll verludert ist, sollten diesen (übrigens mit reizenden Fotos ausgestatteten) Band auf unserem Nachtkastl als nahrhafte Abendration haben. Ich bin ja mit massiven Empfehlungen ziemlich sparsam, aber diesmal muß eine sein: kaufen, lesen, lernen und ein lebfrisches Bairisch reden!

Wea mechd noo auf d Bschdejlisdn fia „Boarisch gredt"?

Rezension in *Die Neue Bücherei,* München 1996, Heft 5, S. 410

Aus einer Zeitungsserie hervorgegangen, räumt dieses Vademecum mit der Überflutung unserer bairischen Sprache durch den schnoddrig-oberflächlichen Medienjargon, den leider immer mehr um sich greifenden „Norddeutschsprech“ und den von der Werbung forcierten Pseudodialekt auf. Doch nicht verbissen oder gar „preußenfressend“ kämpft der Autor hier für den Gebrauch des Bairischen in Schule, Alltag und Beruf, sondern ebenso unterhaltsam wie kompetent zeigt er in 99 kurzen Glossen und Lehrbeispielen die Schönheit, die Bild- und Ausdruckskraft sowie den Farbenreichtum der Mundart auf. Ein wichtiges und vor allem beherzigenswertes Büchlein für den richtigen Gebrauch der bairischen Sprache. *In Altbayern allen Büchereien sehr nachdrücklich empfohlen.*

Rezension im *Oberbayerischen Volksblatt*

(Raimund Feichtner, Chef der Kulturredaktion)

Die bairische Sprache ist auf dem Rückzug. Immer weniger Kinder lernen die angestammte Mundart. Zu stark sind die Einflüsse der modernen Zeit. Das Hochdeutsch des Fernsehens und der Hörspielkassetten prägen schon früh die Sprachentwicklung kleiner Kinder. Überdies meinen manche Eltern immer noch, die Mundart würde ihren Kindern auf dem weiteren Lebensweg Nachteile bringen. Johann Höfer aus Kutterling bei Bad Feilnbach zeigt dagegen in seinem Buch „Bairisch gredt“, wie erhaltenswert und schön die bairische Mundart ist.

De Leid gfrein si – de ham grod vom Brofessa Höfer s Hausbankrächd griagd

Höfer hat nach seiner Pensionierung als Professor im Bereich Wirtschaftsingenieurwesen das Interesse für seine eigentliche Muttersprache, das Bairische, entdeckt. In der Serie „Bairisch gredt“ im Oberbayerischen Volksblatt und im Münchner Merkur hat Höfer auf kurzweilige und heitere Art das Bairisch unserer Tage beschrieben. Jetzt gibt es die Beiträge zu dieser Serie auch in gebundener Form, als Buch „Bairisch gredt“.

In 33 Kapiteln mit jeweils drei verwandten Themen erklärt Höfer Eigenheiten des Bairischen, er beschreibt, er ruft Worte und Redewendungen in Erinnerung und entdeckt sie für uns wieder. Voller Feingefühl und Humor bietet er in kleinen Sprechsituationen Beispiele aus dem Leben in einem weitgehend authentischen Dialekt. Wer Kraftausdrükke oder anzügliche Redewendungen sucht, wird enttäuscht sein. Das eigentliche, normale Leben, auch die Sprache der Jugend ist Höfers Thema. Überwiegend beschreibt er den ländlichen Dialekt der Bauern und Handwerker. Und da der

Autor aus unserer Region stammt, sind es auch meist Redewendungen und Ausdrücke in unserer Mundart, die er vorstellt. Höfer empfiehlt und belebt einen Wortschatz neu, der noch oder gerade noch am Leben ist. Damit unterstützt er auch die Arbeit von Heimatvereinen, Volkskundlern und Volksmusikanten. Und Johann Höfer unterhält damit seine Leser aufs beste, ohne einen sprachkundlichen, wissenschaftlichen Anspruch aufzugeben.

Vielleicht trägt dieses Buch dazu bei, daß auch die Leser die Liebe zur bairischen Sprache, ihre Schönheit und Ausdrucksfähigkeit entdecken. Und vielleicht bleiben manche Redewendungen und Wörter doch noch ein bißchen länger erhalten.

Schluß

Nachrufe

„Erzengel der Mundart“ ist tot

Münchner Merkur Nr. 121, 29./30. Mai 1999, Blickpunkte, S. 3, von *Herbert Schneider*

Wen er besonders schätzte, dem verlieh er per Urkunde das Recht, sich jederzeit auf seinem Grundstück in Kutterling auf den Hausbänken an der Nord-, Ost- und Sonnenseite niederzulassen. Hier, nahe Bad Feilnbach, verbrachte er in Sichtweite seines Geburtsorts, einem Bauernhof in Derndorf, seinen Lebensabend, der von engagierter Arbeit für sein wichtigstes Anliegen, die Erhaltung der bairi-

Dene Leid do gfoin de Gschichdl vom Herbert Schneider narrisch guad!

schen Sprache, ausgefüllt war, aber in den letzten Jahren zunehmend von einer schweren Krankheit überschattet wurde.

Am Donnerstag erreichte uns die traurige Nachricht, daß Prof. Johann Höfer im Alter von 73 Jahren verstorben ist. Zuletzt hatte er noch in einer Klinik in Salzburg, wo seine Tochter Cordelia, Konzert-Pianistin und Dozentin am Mozarteum, mit zweien seiner insgesamt vier Enkel lebt, Zuflucht und Trost gesucht. Aber der Boandlkramer, dem er in seinem Vermächtnis, dem Buch „Bairisch gredt", ein ganzes Kapitel gewidmet hatte, hat sich nicht mehr überlisten lassen. Am kommenden Mittwoch (Trauergottesdienst in der Kirche von Litzldorf um 11 Uhr, anschließend Beisetzung im nahen Friedhof von Derndorf) gilt es nun Abschied zu nehmen von diesem „Erzengel der Mundart", wie er einmal genannt wurde, der Sprache stets als kostbares Geschenk unserer Vorfahren betrachtete.

Daß Prof. Höfer auch hochgeschätzter Mitarbeiter unserer Zeitung war, ist in bester Erinnerung. Fast sieben Jahre lief seine Kolumne „Bairisch gredt" auf dieser Seite, begleitet von einer Flut zustimmender Leserbriefe. Zu seinem 70. Geburtstag machte sich der Autor dann selber das größte Geschenk, als er die Serie als Buch herausgab.

In diesem Buch zu lesen, ist wie Barfußgehen in der Sprache. Mit profunder Kenntnis, mit geschliffenen und feinfühligen Dialogen schlängeln sich die 99 Folgen den bairischen Sprachfluß entlang. Längst verloren geglaubte Sprachbrocken tauchen dabei auf.

Mit sieben Jahren, so gestand Prof. Höfer einmal augenzwinkernd, habe er mühelos in der Volksschule seine erste Fremdsprache erlernt – Hochdeutsch. Nach der Oberschule in Freising und dem Studium in Regensburg und München lehrte er an der Münchner Fachhochschule Englisch, Französisch und Spanisch. Sein Sohn Armin ist übrigens als

Gymnasiallehrer und Lehrbeauftragter für Latein an der Universität Augsburg in des Vaters Fußstapfen getreten.

Auf die Frage, wer sein Vorbild gewesen sei, hat Höfer einmal geantwortet: „A Urgrosvadda, dea hod nia an Baam umschnein meng.“ Die Früchte des Gartens haben er und seine Frau Gertraud stets redlich mit den Vögeln geteilt. Die Bayerische Umweltmedaille hat er freilich als „Umweltschützer in der bairischen Sprachlandschaft“ verliehen bekommen.

Wenn der bescheidene und liebenswürdige Kutterlinger auf etwas stolz war, dann darauf, daß einst Wilhelm Leibl seine Mutter als junges Mädchen auf die Leinwand gezaubert hatte. Ihr Sohn findet nun ihr nahe seine letzte Ruhe.

„Der Kutterlinger“ schreibt nicht mehr

Oberbayerisches Volksblatt vom 29./30. 5. 1999 von

Armin Höfer/Hendrik Heuser

Professor Johann Höfer ist gestorben

Professor Johann Höfer ist tot. Er starb nach langer und mit großer Geduld ertragener Krankheit in einem Salzburger Krankenhaus. „Der Kutterlinger“, wie er sich selbst nannte, hat nicht nur seit 1992 mit seinen Beiträgen „Bairisch gredt“, sondern seit 1997 auch mit der beliebten Serie „Vo Ort zu Ort“ in einem Teil unserer Ausgaben den Heimatdialekt rund um Rosenheim unseren Lesern über Jahre in vergnüglicher Weise nahegebracht.

Schon vor zwei Wochen war Höfer von seinem Leiden so geschwächt, daß er uns keinen Beitrag „Vo Ort zu Ort“ mehr schicken konnte. Am Donnerstag erfuhren wir von der traurigen Gewißheit, daß ihm der Tod die Feder aus der Hand genommen hatte.

Selten zuvor dürfte es bei einem Nachruf leichter gefallen sein, nach dem Grundsatz „de mortuis nil nisi bene – über Tote nur Gutes!“ zu verfahren, als nach Höfers Tod.

In Derndorf am 22. Oktober 1925 geboren und bis 1932 dort wohnhaft, wuchs der „Ualboida Hanns“ zunächst auf dem Bauernhof Ulpoint bei Litzldorf auf, bevor er seine Gymnasialzeit in Freising verbrachte.

Nach seiner Kriegsteilnahme von 1943 bis 1945 studierte er Jura und moderne Fremdsprachen an den Universitäten Regensburg und München. Im Jahre 1948 heiratete er Gertraud Winter, die Tochter des Chemikers Dr. Hans L. Winter, Leitender Angestellter am Togalwerk München.

Nach seiner Referendarausbildung zum Gymnasiallehrer arbeitete Höfer in München unter anderem an der Riemerschmid'schen Handelsschule und am Polytechnikum, an dem er nach dessen Umwandlung zur Fachhochschule zum Professor ernannt wurde.

So war er in den 70er und 80er Jahren maßgeblich am Aufbau und Ausbau der Fachhochschule München beteiligt. Generationen von Studierenden erlebten dort seinen fachlich hervorragenden, um Aktualität bemühten und höchst motivierenden Unterricht in Englisch, Französisch und Spanisch.

Unvergeßlich sind seine Englischsendungen im Bayerischen Fernsehen („Englisch“, „Playtime“, und so weiter) ebenso wie seine Schulbuchklassiker „Modern English“, später: „Active English“ für Realschulen und „Modern English for Commercial Schools“ für Wirtschaftsschulen. Auch in diesen Büchern zeigten sich Höfers überragende fachliche und methodische Fähigkeiten, die stets mit einem Schuß Humor gewürzt waren.

Schon Mitte der 80er Jahre verlegte Höfer allmählich

sein sprachliches Interesse auf seine Muttersprache – Bairisch – und auf seine erste Fremdsprache – das Hochdeutsche. So hat 1986 der Moderator Günther Jauch nach einer Fernseh-Show, bei der Professor Höfer zu Gast war, nie wieder „nich" gesagt, sondern sagt seitdem korrekt „nicht".

Nach seiner Emeritierung von der Fachhochschule im Jahre 1989 widmete sich Höfer von ganzem Herzen und mit vollem Einsatz dem Erhalt der bairischen Sprache. Im Juni 1989, also genau vor zehn Jahren, gehörte er zu den Gründungsmitgliedern der „Fördervereins Bairische Sprache und Dialekte", dessen Erscheinungsbild er maßgeblich mitprägte.

Seine Veröffentlichungen zu dieser Thematik, sei es in Buchform, als Zeitungskolumnen, oder als Leserbriefe, waren immer wissenschaftlich fundiert, höchst phantasievoll dargeboten und zugleich um allgemeine Verständlichkeit bemüht. Auch hier kam sein Humor nicht zu kurz und Höfer erreichte dabei eine große zustimmende und dankbare Leserschaft. 1993 erhielt er aus der Hand von Staatsminister Dr. Peter Gauweiler für seine sprachschützerische Tätigkeit die Bayerische Umweltmedaille.

Außerdem lag ihm Zeit seines Lebens die Bewahrung und Förderung einer süddeutsch gefärbten deutschen Hochsprache, die er für den süddeutschen Raum als allein angemessen erachtete, sehr am Herzen.

Johann Höfer erhielt Würdigungen vom Präsidenten der FH München und machte sich insbesondere im Rahmen von Studienaustausch-Programmen um internationale Kontakte mit Großbritannien und Frankreich verdient.

So trauern um ihn seine Familie, seine Verwandten, seine Freunde und Bekannten in Bayern, Deutschland und vielen anderen Teilen Europas. Johann Höfer hinterläßt seine Gattin sowie seine beiden Kinder samt deren Familien.

Wir von der Redaktion des Oberbayerischen Volksblatts

verneigen uns vor einem immer liebenswerten Mitarbeiter, der mit seinen Beiträgen unserer Zeitung ein unverwechselbares Glanzlicht geschenkt hat.

Johann Höfer an der Schreibmaschine

Nachwort des Herausgebers

Wie im Vorwort erwähnt, wird der zweite Band von *Bairisch gredt* vorgelegt, um den letzten Willen Professor Johann Höfers zu erfüllen. Darüber hinaus soll mit diesem Werk die Arbeit des Verfassers als Sprachpfleger fortgeführt und intensiviert werden.

Der Förderverein Bairische Sprache und Dialekte wurde 1989 von Johann Höfer und einer Reihe von Gleichgesinnten, wie zum Beispiel Astrid Schirmbeck und Dr. Viktoria Wittmann sowie Werner Karl, Sebastian Stöckl und Hans Triebel, ins Leben gerufen, um zugleich die bairische Sprache und die ihr angemessene und zu ihr passende Variante des Hochdeutschen zu fördern und zu pflegen, sei es im privaten oder im öffentlichen Bereich. Johann Höfer setzte sich gerade in seinen letzten Lebensjahren dafür ein, diese hochdeutsche Variante, die er südhochdeutsch nannte, zu propagieren. Leider hat sein verfrühtes Ableben verhindert, daß die Medien von seinem Vorschlag größere Notiz genommen hätten.

Der zweite Band von *Bairisch gredt* richtet sich daher gleich an mehrere Instanzen. Allen süddeutschen Rundfunk- und Fernsehanstalten, den Printmedien Süddeutschlands, den altbayerischen, fränkischen, schwäbischen und baden-württembergischen Grund- und Hauptschulen, Realschulen, Gymnasien und Universitäten, den verantwortlichen Stellen der Ministerien Bayerns und Baden-Württembergs seien insbesondere all jene Kapitel aus *Bairisch gredt II* wärmstens empfohlen, die auf das im süddeutschen Sprachraum bisher übliche Hochdeutsch abzielen. Johann Höfer sah diese Sprachvariante als stark bedroht an. Er befürchtete, daß ein allzu stakkatoartiges, hektisches Norddeutsch, wie es von sehr vielen Medienleuten seit den 80er Jahren des 20. Jahrhunderts angewandt wird, die Oberhand auch in Süddeutschland gewinnen würde. Insgeheim hoffte er, daß auch norddeutsche Ansager und Ansagerinnen, Moderatoren und Moderatorinnen und Showmaster sich davon überzeugen ließen, ihre Endsilben (gekommen statt norddeutsch gekomm) zu artikulieren, sowie ganz allgemein deutlicher und akzentuierter zu sprechen (z. B. Artikulation des „R“), die nach Höfers Ansicht nicht korrekten Betonungen der Wörter zu ändern (**A**rbeitslosenversicherung statt norddeutsch Arbeitsl**o**senversicherung).

Weiterhin bedauerte er, daß am Norddeutschen orientierte Sprecher dafür verantwortlich sind, daß viele Vokabeln des süddeutschen Sprachraums keine Verwendung mehr finden würden (Stockerl statt norddeutsch Treppchen, Brösel statt norddeutsch Krümel, Semmel statt norddeutsch Brötchen).

In der Hoffnung, daß viele Eltern und Großeltern, Kindergärtnerinnen und Erzieherinnen, Lehrerinnen und Lehrer, Vertreter der Medien und andere für den Spracherwerb und Sprachgebrauch maßgebliche Instanzen, wie z. B. die Ministerien oder die Dudenredaktion, zu einer positiven Einschätzung der Thesen Professor Johann Höfers gelangen, möge dieses Buch den Anklang finden, den es verdient.

Daneben werden alle Kenner des Bairischen an Johann Höfers Sprachschmankerln zur Grammatik, Phonetik und Rhetorik der bairischen Sprache Gefallen finden. Er hat hiermit Dokumente vorgelegt, die in ihrer Vielfalt und Tiefe beispiellos sind und noch vielen späteren Generationen eine Vorstellung davon geben werden, wie kraftvoll und ausdrucksstark die bairische Sprache bis zum Ende des 20. Jahrhunderts einmal gewesen ist. Die Vergangenheitsform zeigt hier die realistische Einschätzung des Herausgebers an – es sei denn, es erfolgt – gerade durch die Herausgabe von *Bairisch gredt II* – im letzten Moment noch ein Umdenken. Schee waars!

Armin Höfer

Nachweis der Abbildungen

Spann Anna Maria	Titelbild
Höfer Armin	Buchrückseite
Heidenreich Heike	S. 18, 33, 88
Wolbeck Barbara	S. 21, 23, 25, 27, 29, 31, 38, 41, 44, 46, 53, 63, 66, 74, 76, 82, 96
Privat	S. 48, 57, 59, 61, 68, 78, 84, 90, 104, 113, 118, 123, 125, 128, 131, 133, 135, 140